教科書
要点

ズバっ

ニューホライズン
英単語・英熟語

2年

東京書籍

▶ はじめに

　この本は，東京書籍版教科書『NEW HORIZON English Course 2』に出てくる単語・熟語を，しっかり身につけるために作られているよ。

　教科書本文や「New Words」「小学校の単語」などが，ほぼ教科書に出てきたとおりの順番にならべてあるので，順を追って確認できる。特に重要な語は太字になっているよ。付属の暗記フィルターを使って，効率よく学習しよう！

　きみにあった使い方を見つけて，『NEW HORIZON English Course 2』のすべての単語・熟語を「ズバっ」と自分のものにしてしまおう。

▶ 本書の基本構成

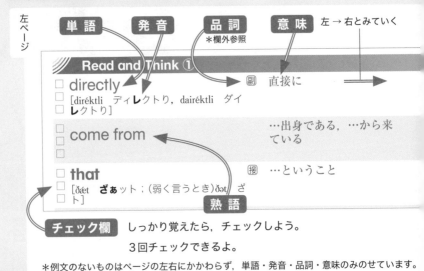

*例文のないものはページの左右にかかわらず，単語・発音・品詞・意味のみのせています。

【動作環境】
・インターネットに接続されていること。
　＊インターネット接続に伴う通信費は利用者のご負担となります。
・Android 5.1以降 ＋ Google Chrome ／ iOS9 以降 ＋ Safari ／
　iPadOS ＋ Safari
　＊「QRコード」は(株)デンソーウェーブの登録商標です。
　＊「Android」は，Google LLC の商標です。
　＊「iOS」「iPadOS」は，Apple Inc. の商標です。

★暗記フィルターの使い方
赤色で印刷された部分に，付属の暗記フィルターをのせると，文字が見えなくなるよ。覚えたい部分をかくして，どんどん暗記していこう！

★コラムでちょっとひと息
「豆マメ知識」「会話のヒント」「歴史と文化」に関連した，ちょっと知っていると得する，おもしろコラムでひと息入れて，気分をリフレッシュしよう。

例文の日本語訳　　　　　　　　**教科書ページ**

教科書p.26 ～ p.27

▷ He thinks curry came to Japan **directly** from India.
彼は，カレーはインドから直接日本にやって来たと考えています。

▶ Where do you **come from**? － I come from London.
あなたはどこの出身ですか。－ロンドンです。

▷ Do you know **that** it really came from the U.K.?
それは実際はイギリスから来たということを知っていますか。

例文　原則として，1つの単語や熟語に1つの例文をのせているよ。

　　　▷　教科書に出てきた文，教科書に出てきた文とほぼ同じ文

　　　▶　その単語・熟語を使った例文

★QRコードを使った**音声学習について**
【使い方】
・スマートフォンなどで右のQRコードを読み取ります。
・教科書で取り上げている各単元の「New Words」「小学校の単語」の音声を聞くことができます。
・音声の順番は本書の順番と異なる場合があります。

冠＝冠詞　　副＝副詞　　前＝前置詞　　接＝接続詞　　間＝間投詞

も く じ

*教科書に合わせた単元
番号を入れていますが,
一部,取り扱いのない
項目もあります。

コラム

会話のヒント

豆マメ知識

Stage 1

Stage 2

歴史と文化

・なぜボランティアが必要になったのか
（130）

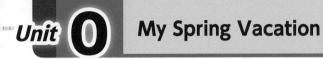
Read and Think

☐ **ago** ☐ [əgóu　ア**ゴ**ウ] ☐	副	(今から)…前に
☐ **dinosaur** ☐ [dáinəsɔ̀:r　**ダ**イナソーア] ☐	名	恐竜
☐ **arrive(d)** ☐ [əráiv　ア**ラ**イヴ] ☐	動	到着する
☐ **arrive at** ☐ ☐		…に着く，到着する
☐ **tyrannosaurus** ☐ [tiræ̀nəsɔ́:rəs　ティラぁノ**ソ**ーラス]	名	ティラノサウルス
☐ **fossil(s)** ☐ [fásl　**ふア**スる] ☐	名	化石
☐ **hunting** ☐ [hʌ́ntiŋ　**ハ**ンティング]	名	狩り，さがし求めること
☐ **find** ☐ [fáind　**ふア**インド] ☐	動	…を見つける，発見する
☐ **found** ☐ [fáund　**ふア**ウンド] ☐	動	[findの過去形]
☐ **plant(s)** ☐ [plǽnt　プ**らぁ**ント] ☐	名	植物

▷ I went to Fukui with my family two weeks **ago**.
私は2週間前に家族と福井に行きました。

▶ I have a book about **dinosaurs**.
私は恐竜についての本を1冊持っています。

▶ What time did you **arrive at** the station?
あなたは駅に何時に着きましたか。

▷ Many people were looking at the **tyrannosaurus**.
多くの人がティラノサウルスを見ていました。

▶ We can study **fossils** in the museum.
私たちはその博物館で化石について勉強ができます。

▷ We tried fossil **hunting** near the museum.
私たちは博物館の近くで化石狩りをしてみました。

▶ I can't **find** my pen.
私のペンが見つかりません。

▶ I **found** the book at the library.
私は図書館でその本を見つけました。

▶ There are many beautiful **plants** in the park.
公園には多くの美しい植物があります。

A trip to Singapore

扉

□□□ **experience**
[ikspíəriəns イクス**ピ**(ア)リエンス]

動 …を経験する

□□□ **overseas**
[òuvərsíːz オウヴァ**スィ**ーズ]

形 外国[海外]への，海外の

□□ **Singapore**
[síŋgəpɔ̀ːr **スィ**ンガポーア]

名 シンガポール[国名]

Scene ①

□□□ **plan**
[plǽn プ**らぁ**ン]

名 計画，予定

□□□ **golden**
[góuldən **ゴ**ウるドゥン]

形 金色の，すばらしい

□□□ **holiday(s)**
[hálədèi **ハ**りデイ]

名 休日，休暇

□□□ **the "Golden Week" holidays**
[ðə góuldən wíːk hálədèiz ざ **ゴ**ウるドゥ
ン **ウィ**ーク **ハ**りデイズ]

ゴールデンウィーク

□□□ **abroad**
[əbrɔ́ːd アブ**ロ**ード]

副 外国に[へ，で]，海外に
[へ，で]

□□□ **aunt**
[ǽnt **あ**ント]

名 おば，おばさん

□□□ **uncle**
[ʌ́ŋkl **ア**ンクる]

名 おじ，おじさん

教科書p.7

▶ What did you **experience** in America?
あなたはアメリカで何を経験しましたか。

▷ What can we experience on **overseas** trips?
私たちは海外旅行で何を経験できますか。

▶ I visited **Singapore** during summer vacation.
私は夏休みにシンガポールを訪れました。

教科書p.9

▶ I have a **plan** this weekend.
今週末は予定があります。

▷ Do you have any plans for the **holidays**?
休日に何か計画を立てていますか。

▷ What is Asami's plan for **the "Golden Week" holidays**?
アサミのゴールデンウィークの計画は何ですか。

▶ I want to play soccer **abroad** someday.
私はいつか外国でサッカーをしたいです。

▶ I went shopping with **Aunt** Jody.
私はジョディーおばさんと買い物に行きました。

▶ I met **Uncle** Henry at the hospital.
私は病院でヘンリーおじさんに会いました。

□□□ **husband**
[hʌ́zbənd **ハ**ズバンド]

名 夫

□□□ **wife**
[wáif **ワ**イふ]

名 妻

□□□ **show**
[ʃóu **ショ**ウ]

動 …を案内する

□□□ **airplane**
[éərplèin **エ**アプれイン]

名 飛行機

Scene ②

□□□ **Merlion Park**
[mə́ːrlàiən pɑ́ːrk **マ**〜ライアン **パ**ーク]

名 マーライオン公園

□□□ **far**
[fɑ́ːr **ふァ**ー]

副 遠くに[へ]

□□□ **will**
[wíl **ウィ**る; (弱く言うとき)əl
(ア)る]

助 【単なる未来】…でしょ
う，…だろう

□□□ **you'll**
[júːl **ユ**ーる]

= you will

□□□ **the Merlion**
[ðə mə́ːrlàiən ざ **マ**〜ライアン]

名 マーライオン

□□□ **seafood**
[síːfùːd **スィ**ーふード]

名 シーフード

□□□ **will**
[wíl **ウィ**る; (弱く言うとき)əl
(ア)る]

助 【意志】…するつもりだ

▶ Her **husband** is a good doctor.
彼女の夫は優れた医者です。

▶ My **wife** and children welcome you.
私の妻と子供たちはあなたを歓迎します。

▷ They're going to **show** me around.
彼らは私をあちこち案内してくれる予定です。

▶ I am going to have dinner on the **airplane**.
私は飛行機で夕食をとるつもりです。

教科書p.10

▷ We're going to visit **Merlion Park**.
私たちはマーライオン公園を訪ねるつもりです。

▷ Is the park **far** from here?
その公園はここから遠いですか。

▶ I **will** be thirteen years old in May.
私は5月で13歳になります。

▶ **You'll** see the Midori station soon.
もうすぐみどり駅が見えますよ。

▶ We saw **the Merlion** in Singapore.
私たちはシンガポールでマーライオンを見ました。

▶ It's a famous **seafood** restaurant.
それは有名なシーフードのレストランです。

▶ I **will** watch TV after lunch.
昼食のあとでテレビを見るつもりです。

□□□ I'll [áil **ア**イる]	= I will
□□□ **make** [méik **メ**イク]	動 …をする，行う
□□□ reservation [rèzərvéi∫n レザ**ヴェ**イシャン]	名 予約

/// **Read and Think ①**

□□□ meter(s) [mí:tər **ミ**ータ]	名 メートル
□□□ **tall** [tɔ́:l **トー**る]	形 [身長・高さを表す名詞 のあとに用いて]身長[高 さ]が…ある
□□□ **weigh(s)** [wéi **ウェ**イ]	動 …の重さがある
□□□ ton(s) [tʌ́n **タ**ン]	名 トン
□□□ **of** [ʌ́v **ア**ヴ；(弱く言うとき)əv **ア**ヴ]	前 【主題】…について
□□□ **gift(s)** [gíft **ギ**ふト]	名 贈り物
□□□ **shop(s)** [∫áp **シャ**ップ]	名 店
□□□ **cookie(s)** [kúki **ク**キ]	名 クッキー

▶ **I'll** study English today.
今日，私は英語を勉強するつもりです。

▶ I can't **make** a trip this year.
今年，私は旅行をすることができません。

▶ Can I make a **reservation** for dinner?
夕食の予約はできますか。

教科書p.12 〜 p.13

▶ The tree is 15 meters **tall**.
その木は15メートルの高さです。

▶ The dog **weighs** 5kg.
その犬は５キロの重さです。

▶ The car weighs 1.9 **tons**.
その車は1.9トンの重さです。

▷ A lot of people are taking pictures **of** the Merlion.
たくさんの人がマーライオンの写真を撮っています。

▶ Here is a **gift** for your birthday.
これはあなたの誕生日の贈り物です。

▷ There are some gift **shops** near the park.
公園の近くには何軒かギフトショップがあります。

▶ Can you make **cookies**? – Yes, I can.
クッキーを作れますか。－はい，作れます。

☐☐☐ **ride** [ráid **ライド**]	動	…に乗る，乗っていく
☐☐☐ Ferris wheel [féris hwìːl **ふェ**リス (ホ)ウィーる]	名	観覧車

☐☐☐ rode [róud **ロ**ウド]	動	[rideの過去形]
☐☐☐ the Singapore Flyer [ðə síŋɡəpɔ̀ːr fláiər　ざ **スィ**ンガポーア ふ**ら**イア]	名	シンガポールフライヤー
☐☐☐ **take** [téik **テ**イク]	動	…を(手に)取る，…を 持っていく，連れていく
☐☐☐ scary [ské(ə)ri **スケ**(ア)リ]	形	恐ろしい，こわい
☐☐☐ **shop** [ʃáp **シャ**ップ]	動	買い物をする
☐☐☐ Malay [méilei **メ**イれイ, məléi マ**れ**イ]	名	マレー語
☐☐☐ Chinese [tʃàiníːz チャイ**ニ**ーズ]	名	中国語
☐☐☐ Tamil [tǽml **タ**ムる]	名	タミル語
☐☐☐ **different** [dífərənt **ディ**ふァレント]	形	ちがう，異なる

▷ We're going to ride the **Ferris wheel** after lunch.
昼食の後，私たちは観覧車に乗ります。

教科書p.14 〜 p.15

▶ I **rode** my bike to the office.
私は事務所まで自転車に乗って行きました。

▷ It **took** us up to 165 meters.
それは私たちを165メートル上まで連れていきました。

▶ What a **scary** movie!
何てこわい映画でしょう。

▷ We went **shopping**, too.
私たちも買い物に行きました。

▶ Alice teaches **Malay** in Japan.
アリスは日本でマレー語を教えています。

▶ He is studying **Chinese** very hard.
彼は中国語をとても一生懸命勉強しています。

▷ My uncle speaks **Tamil** and English.
私のおじはタミル語と英語を話します。

▶ She can speak five **different** languages.
彼女は5つの異なる言語を話すことができます。

□□ **communicate**
□ [kəmjú:nikèit コ**ミュ**ーニケイト]

動 連絡する，意思の疎通を する

□□ **culture(s)**
□ [kʌ́ltʃər **カ**るチャ]

名 文化

□□ **guest**
□ [gést **ゲ**スト]

名 客，泊まり客

□□ **clerk**
□ [klə́:rk く**ら**～ク]

名 店員，フロント係

□□ **air conditioner**
□ [éər kəndíʃnər **エ**ア コンディシャナ]

名 エアコン，冷房

□□ **work**
□ [wə́:rk **ワ**～ク]

動 動く，うまくいく

□□ **check**
□ [tʃék **チェ**ック]

動 …を調べる，チェックする

□□ **certainly**
□ [sə́:rtnli **サ**～トゥンり]

副 [返事で]承知しました

□□ **we'll**
□ [wí:l **ウィ**ーる]

= we will

□□ **right**
□ [ráit **ラ**イト]

副 ちょうど，すぐに
→right away

□□ **right away**
□

すぐに

▶ We can **communicate** with each other by telephone.
私たちは電話で互いに連絡を取り合うことができます。

▶ I want to study Japanese **culture**.
私は日本文化を学びたいです。

教科書p.17

▶ I'm having two **guests** this evening.
今晩はお客さんが2人来ます。

▶ He works as a **clerk** in a hotel.
彼はホテルのフロント係として働いています。

▶ I put an **air conditioner** on the wall.
壁にエアコンをつけました。

▶ The light doesn't **work**.
電灯がつきません。

▷ Can you **check** it, please?
それをチェックしてもらえますか。

▶ Can I have two coffees, please? – **Certainly**.
コーヒーを2ついただけますか。—承知しました。

▶ **We'll** do our best.
私たちは最善を尽くします。

▶ I'll be **right** back.
すぐに戻ってきます。

▶ Could you come **right away**?
すぐに来てもらえますか。

☐
☐ **apologize** 　　　　　　　　　　動　謝る，わびる
☐ [əpáləxdʒàiz　ア**パ**ろ**ヂャ**イズ]

☐
☐ **trouble** 　　　　　　　　　　名　困難，面倒，迷惑
☐ [trÁbl　トゥ**ラ**ブる]

☐ 　　　　　　　　　　　　　となりの部屋[家]の[に]
☐ **next door**
☐ [nékst dɔ́ːr　**ネ**クスト **ド**ーア]

豆マメ知識　　**満員電車は「イワシの缶詰」？**

　きみは，学校にどうやって通っている？　徒歩？　自転車？　もしくは電車やバス？　朝の満員の電車に乗っている人は，ほんとうにお気の毒。

　そのぎゅうぎゅう詰めの「満員電車」は，英語で何と言うんだろう？　train packed like sardines と言うんだ。文字どおりには「イワシの缶詰のように詰められた電車」という意味だよ。pack[**パぁ**ック]は「…を詰めこむ」という動詞だから，packedは「詰めこまれた」ってことだ。sardine[サ—**ディ**—ン]は魚の「イワシ」。オイルサーディンの缶詰をパッカンとあけてごらん。イワシがすきまなく

▶ I **apologize** for that. Please wait for a moment.
申し訳ありません。少々お待ちください。

▶ What's the **trouble**?
どうしたんですか。

▶ The woman **next door** is very gentle.
となりの家の女の人はとてもやさしいです。

ぎゅっと詰まってるでしょ？　その感じなんだね。
　さて，あわてて電車に飛び乗ったら，急行だった！　しまった！
各駅停車に乗らないと，目的の駅で降りられない…なんて経験はな
いかい？　その「急行列車」はexpress train[イクスプ**レ**ス トゥ**レ**イン]，
「各駅停車」「普通列車」はlocal train[**ろ**ウくる トゥ**レ**イン]と言うよ。

扉

☐ **the**
☐ [(子音の前で)ðə ざ，(母音の前で)ði
☐ ずィ；(強く言うとき)ðíː ずィー]

冠 [天体・時・方角など，1つしかないものをさす場合]

☐ **world**
☐ [wə́ːrld ワ〜るド]

名 (the world で)世界，世界中の人々

☐ **change**
☐ [tʃéindʒ チェインヂ]

動 変わる，変化する

Scene ①

☐ **when**
☐ [hwén (ホ)ウェン]

接 …するときに

☐ **kind(s)**
☐ [káind カインド]

名 種類

☐ **... kind(s) of ～**

…種類の～

☐ **recipe(s)**
☐ [résəpi レセピ]

名 調理法，レシピ

☐ **pilaf**
☐ [piláːf ぴらーふ]

名 ピラフ

☐ **even**
☐ [íːvn イーヴン]

副 …でさえ

☐ **never**
☐ [névər ネヴァ]

副 今までに一度も…しない

教科書p.21

▶ See you in **the** morning.
朝にまた会いましょう。

▶ I want to travel around the **world**.
私は世界中を旅したいです。

▷ How does it **change**?
それはどのように変化しますか。

教科書p.23

▷ **When** I watch TV, I see many interesting dishes.
テレビを見ているときに，たくさんのおもしろい料理を見ます。

▶ My mother doesn't like this **kind of** movie.
私の母はこういう種類の映画が好きではありません。

▶ I'm looking for a new dessert **recipe**.
私は新しいデザートのレシピを探しています。

▶ I made **pilaf** for lunch.
私は昼食にピラフを作りました。

▶ **Even** a child can do it.
子供でさえそれをすることができます。

□ □ **hear** □ [híər ヒア]	動	…を耳にする，聞いて知る
□ □ **heard** □ [hə́:rd ハ〜ド]	動	[hearの過去形]
□ □ hear of □		…について聞く

Scene ②

□ □ **sometime** □ [sʌ́mtàim サムタイム]	副	いつか，そのうち
□ □ **if** □ [íf イふ]	接	【条件・仮定】もし…ならば
□ □ you know □		ねえ，…でしょう
□ □ **originally** □ [ərídʒənəli オリヂナり]	副	もとは，はじめは
□ □ **overseas** □ [òuvərsí:z オウヴァスィーズ]	名	外国，国外
□ □ **India** □ [índiə インディア]	名	インド
□ □ **half** □ [hǽf ハぁふ]	副	半分だけ
□ □ be interested in □		…に興味がある

▶ I can't **hear** anything.
私は何も聞こえません。

▷ I never **heard of** curry bread.
カレーパンについては今まで一度も聞いたことがありません。

教科書p.24

▷ I want to go there **sometime**.
私はいつかそこに行ってみたいです。

▷ **If** you have time, please check my English.
もし時間があるなら，私の英語をチェックしてください。

▶ His mother is kind, **you know**.
彼のお母さんはやさしいよね。

▶ Ramen **originally** came to Japan from China.
ラーメンはもともと中国から日本にやってきました。

▶ There are some students from **overseas** in my school.
私の学校には外国からの生徒が数人います。

▶ **India** is a large country.
インドは大きな国です。

▷ Well, you're **half** right.
そうですね，半分だけ正解です。

▶ I'm very **interested in** baseball.
私は野球にとても興味があります。

☐☐☐ directly
[diréktli ディ**レ**クトり, dairéktli ダイ**レ**クトり]
副 直接に

☐☐☐ come from
…出身である，…から来ている

☐☐☐ that
[ðǽt **ざ**ぁット；(弱く言うとき)ðət ざト]
接 …ということ

☐☐☐ century
[séntʃəri **セ**ンチュリ]
名 世紀，100年

☐☐☐ spice(s)
[spáis ス**パ**イス]
名 香辛料，スパイス

☐☐☐ British
[brítiʃ ブ**リ**ティッシ]
形 イギリス[英国]の，イギリス人の

☐☐☐ company
[kʌ́mpəni **カ**ンパニ]
名 会社

☐☐☐ produce(d)
[prədjúːs プロ**デュ**ース]
動 …を生産する，…を生じる

☐☐☐ powder
[páudər **パ**ウダ]
名 粉

☐☐☐ sale
[séil **セ**イる]
名 販売

☐☐☐ for sale
売り物の

▷ He thinks curry came to Japan **directly** from India.
彼は，カレーはインドから直接日本にやって来たと考えています。

▶ Where do you **come from**? － I come from London.
あなたはどこの出身ですか。ーロンドンです。

▷ Do you know **that** it really came from the U.K.?
それは実際はイギリスから来たということを知っていますか。

▷ In the 19th **century**, this curry arrived in Japan.
19世紀に，このカレーは日本にたどり着きました。

▶ My father often uses **spices** in cooking.
父は料理でよくスパイスを使います。

▶ **British** people often enjoy having tea.
イギリス人はよくお茶を楽しみます。

▶ His father's **company** is very big.
彼のお父さんの会社はとても大きいです。

▶ Many farmers **produce** rice in this area.
この地域では多くの農場主が米を生産しています。

▶ You can buy curry **powder** at the supermarket.
あなたはそのスーパーマーケットでカレー粉を買うことができます。

▶ This house is now **for sale**.
この家は，今売りに出ています。

□ **easy** □ □ [íːzi **イー**ズィ]	形 やさしい，簡単な
□ **chef(s)** □ □ [ʃéf **シェ**ふ]	名 シェフ，コック長
□ **flour** □ □ [fláuər **ふら**ウア]	名 小麦粉
□ **thick** □ □ [θík **すィ**ック]	形 濃い，どろっとした
□ **piece** □ □ [píːs **ピー**ス]	名 部分，断片

Read and Think ②

□ **blend** □ □ [blénd ブ**れ**ンド]	名 混合物，ブレンド
□ **Italy** □ □ [ítəli **イ**タり]	名 イタリア[国名]
□ **create(d)** □ □ [kriéit クリ**エ**イト]	動 …を創造する，つくり出す
□ **with** □ □ [wíð **ウィ**ず, wíθ **ウィ**す]	前 【道具・手段】…で，…を使って
□ **sauce** □ □ [sɔ́ːs **ソー**ス]	名 ソース
□ **name** □ □ [néim **ネ**イム]	動 (人など)に…という名前をつける

▷ The cooking of curry became **easy**.
カレーの調理は簡単になりました。

▶ Her father is a **chef** at a Japanese restaurant.
彼女のお父さんは日本食レストランのシェフです。

▶ I bought some **flour** and eggs.
私は小麦粉と卵を買いました。

▶ This tomato soup is very **thick**.
このトマトスープはとても濃いです。

教科書p.28 ～ p.29

▷ "Curry and rice" is one **blend** of different food cultures.
「カレーライス」は異なる食文化を一つにブレンドしたものです。

▶ He is from Naples, **Italy**.
彼はイタリアのナポリ出身です。

▶ We want to **create** a new car company.
私たちは新しい自動車会社を作りたいです。

▶ Please write it **with** a pencil.
それを鉛筆で書いてください。

▷ He made spaghetti with a special tomato **sauce**.
彼は特製のトマトソースでスパゲッティを作りました。

▶ I **named** my cat Tama.
私はネコにタマという名前をつけました。

□ □ □ **after** [ǽftər **あ**ふタ]	前	…にならって, ちなんで
□ □ □ name ... after ～		～にちなんで(人など)を …と名づける
□ □ □ Naples [néiplz **ネ**イプるズ]	名	ナポリ(イタリア南部の 都市)
□ □ □ roll(s) [róul **ロ**ウる]	名	巻いたもの
□ □ □ the U.S. [ðə jú:és ざ **ユー**エス]	名	アメリカ合衆国, 米国
□ □ □ **because** [bikɔ́:z ビ**コー**ズ]	接	…だから, …なので
□ □ □ raw [rɔ́: **ロ**ー]	形	生の
□ □ □ avocado [ævəká:dou あヴォ**カ**ードウ]	名	アボカドの実
□ □ □ wrap(ped) [rǽp **ラ**ぁップ]	動	…を巻きつける
□ □ □ **outside** [àutsáid アウト**サ**イド, áutsàid **ア**ウト サイド]	名	外側, 外部
□ □ □ seaweed [sí:wì:d **スィ**ーウィード]	名	海藻

▶ I **named** the dog "Taro" **after** my friend.
私は友達の名にちなんでその犬を「タロー」と名づけました。

▷ He named the dish "*Napolitan*" after **Naples** in Italy.
彼はイタリアのナポリにちなんでその料理を「ナポリタン」と名づけました。

☐ California roll(s)　　　　　　　カリフォルニアロール
☐ [kæ̀ləfɔ́ːrnjə róul　キぁり**ふォ**ーニャ **ロ**
☐ ゥる]

▷ For many years, sushi wasn't popular in **the U.S.**
長い間，すしは米国では人気がありませんでした。

▶ **Because** it was hot, I opend the window.
暑かったので，私は窓をあけました。

▶ Can you eat **raw** fish?
生魚は食べられますか。

▶ What do you have for lunch? – I have an **avocado** salad.
昼食に何を食べますか。ー私はアボカドサラダを食べます。

▷ They **wrapped** the rice on the outside.
彼らはご飯を外側に巻きつけました。

▶ He opened the window from the **outside**.
彼は外側から窓をあけました。

▷ Many people didn't like **seaweed**.
多くの人はのりが好きではありませんでした。

●ていねいなお願い ──許可を求める・依頼する──

□
□ **may**
□ [méi **メイ**]

助 【許可】…してもよい

□
□ May I ...?
□

…してもよいですか。

□
□ **ask**
□ [ǽsk **あ**スク]

動 …に[を]たのむ

□ favor
□ [féivər **ふェ**イヴァ]

名 親切な行為

□
□ ask ... a favor
□

…にお願いする

□
□ **could**
□ [kúd **ク**ッド；kəd クド]

助 【ていねいな依頼】Could you ...? …してくださいませんか。

□
□ Say cheese!
□

はい，チーズ！

□
□ **another**
□ [ənʌ́ðər ア**ナ**ざ]

形 もう1つ[1人]の

□
□ menu
□ [ménjuː **メ**ニュー]

名 メニュー

□
□ **call**
□ [kɔ́ːl **コ**ーる]

動 (…に)電話をかける

□
□ call back
□

折り返し電話する

教科書p.31

▶ You **may** watch TV now.
今はテレビを見てもいいですよ。

▶ **May I** have some cheese?
チーズを食べてもいいですか。

▶ Why don't we **ask** Mika's help?
ミカに助けをたのみませんか。

▷ May I **ask** you **a favor**? - Sure.
お願いがあるのですが。－いいですよ。

▶ **Could** you come here tomorrow?
明日ここに来てくださいませんか。

▶ Would you like **another** piece of cake?
ケーキをもうひと切れ，いかがですか。

▶ I can't read the **menu** in English.
英語で書かれたメニューは読めません。

▶ I'll **call** you later.
あとで電話します。

▶ Could you **call back** later?
あとで折り返し電話してもらえますか。

扉

☐ AI
☐ [éiái **エイアイ**]

名 Artificial Intelligence 人工知能

☐ **away**
☐ [əwéi アウェイ]

副 なくなって，消え去って

☐ take ... away
☐

…を奪う，持ち去る

Scene ①

☐ **to**
☐ [túː **トゥー**；(弱く言うとき)(子音の前で)tə タ；(母音の前で)tu トゥ]

前 【不定詞(副詞的)】…するために[目的を表す]

☐ **learn**
☐ [lə́ːrn **ら〜ン**]

動 (…を)学ぶ，習う

☐ progress
☐ [prágres プ**ラ**グレス]

名 進歩，発達

☐ **change**
☐ [tʃéindʒ **チェ**インヂ]

動 …を変える

☐ lives
☐ [láivz **ら**イヴズ]

名 [lifeの複数形]

☐ disappear
☐ [dìsəpíər ディスア**ピ**ア]

動 姿を消す，消滅する

☐ **appear**
☐ [əpíər ア**ピ**ア]

動 現れる，姿を現す

教科書p.35

▶ Today, many computers have **AI**.
現在，多くのコンピュータがAIを備えています。

▶ My headache went **away** after two hours.
私の頭痛は２時間後に消えました。

▷ Will AI **take** all of our future jobs **away**?
AIは私たちの将来の仕事を全て奪ってしまうのでしょうか。

教科書p.37

▷ We use computers **to** do many things.
私たちはたくさんのことをするのにコンピュータを使います。

▶ I go to school to **learn** English.
私は英語を学ぶために学校に通っています。

▶ The **progress** of AI is very fast.
AIの進歩は非常に速い。

▶ When I was ten years old, I **changed** schools.
私は10歳のときに学校を変えました。

▶ Our **lives** are full of pleasure.
私たちの生活は喜びに満ちています。

▶ They **disappeared** suddenly from history.
彼らは歴史から突然姿を消しました。

▶ She will soon **appear** on stage.
彼女はまもなくステージに現れるでしょう。

| □ **should** | 助 | …すべきである |
| □ [ʃúd **シュッド**;(弱く言うとき)ʃəd シャド] | | |

| □ **face** | 動 | …に直面する |
| □ [féis **フェイス**] | | |

| □ **age** | 名 | 時代 |
| □ [éidʒ **エイヂ**] | | |

Scene ②

| □ **article** | 名 | 記事 |
| □ [áːrtikl **アーティクる**] | | |

| □ **here's** | | = here is |
| □ [híərz **ヒアズ**] | | |

| □ **say** | 動 | …と書いてある |
| □ [séi **セイ**] | | |

| □ **future** | 名 | 未来, 将来 |
| □ [fjúːtʃər **フューチャ**] | | |

| □ **in the future** | | 未来に, 将来に |
| □ | | |

| □ **translator(s)** | 名 | 翻訳家, 通訳者 |
| □ [trǽnsleitər **トゥラぁンスれいタ**] | | |

| □ **surprised** | 形 | 驚いた, びっくりした |
| □ [sərpráizd **サプライズド**] | | |

| □ **according** | 副 | →according to |
| □ [əkɔ́ːrdiŋ **アコーディング**] | | |

▶ You **should** take a bath before dinner.
夕食の前に風呂に入ったほうがいいですよ。

▶ He **faced** a big problem.
彼は大きな問題に直面しました。

▷ How should we face the **age** of AI?
私たちはどのようにAIの時代に向き合うべきでしょうか。

教科書p.38

▶ There is an interesting **article** about Chinese food.
中華料理についてのおもしろい記事があります。

▶ **Here's** a photo of my mother.
これが私の母の写真です。

▷ What does it **say**?
それには何と書いてありますか。

▶ He wants to be a soccer player **in the future**.
彼は将来，サッカー選手になりたいと思っています。

▶ She is a good **translator**.
彼女は優れた翻訳家です。

▷ I am **surprised** to see this.
私はこれを見て驚いています。

□ □ □ according to		…によれば
□ □ □ **translation** [trænsléiʃn　トゥラぇンス**れ**イシャン]	名	翻訳
□ □ □ **to** [túː　**トゥ**ー；（弱く言うとき）（子音の前で）tə　タ；（母音の前で）tu　トゥ]	前	【不定詞（副詞的）】…して［原因を表す］
□ □ **sorry** [sári　**サ**リ, sɔ́ːri　**ソ**ーリ]	形	残念で
□ □ **career** [kəríər　カ**リ**ア]	名	（一生の仕事としての）職業
□ □ □ Career Day		職業体験日
□ □ **advice** [ədváis　アド**ヴァ**イス]	名	忠告, 助言

Read and Think ①

□ □ □ **explain(ed)** [ikspléin　イクスプ**れ**イン]	動	（…を）説明する
□ □ **translate(d)** [trænsléit　トゥラぇンス**れ**イト]	動	…を訳す, 翻訳する
□ □ □ **sentence(s)** [séntəns　**セ**ンテンス]	名	文
□ □ **knew** [njúː　**ニ**ュー]	動	［knowの過去形］

▶ **According to** the newspaper, Japan lost the game.
新聞によると，日本は試合に敗れました。

▶ I want to read the book in **translation**.
私はその本を翻訳で読みたいです。

▷ I'm **sorry** to hear that.
それを聞いて残念です。

▶ I'll choose a scientist as my **career**.
私は一生の仕事として科学者を選びます。

▶ I'm going to visit a bookstore on **Career Day**.
私は職業体験日に書店を訪問します。

▷ Maybe you can get some **advice** there.
たぶんあなたはそこで助言を得ることができます。

教科書p.40 〜 p.41

▶ Can you **explain** that again?
それをもう一度説明してもらえますか。

▶ She **translated** a Japanese book.
彼女は日本語の本を翻訳しました。

▶ Tomoko can read English **sentences**.
トモコは英文を読むことができます。

▶ I **knew** that she was not interested in me.
私は彼女が私に興味がないことはわかっていました。

| □ **to** | 前 | 【不定詞(形容詞的)】…するための, …すべき |
| □ [túː **トゥー**；(弱く言うとき)(子音の前で)tə **タ**；(母音の前で)tu **トゥ**] | | |

| □ **other** | 形 | ほかの, 別の |
| □ [ʌ́ðər **ア**ざ] | | |

| □ **deep** | 形 | 深い |
| □ [díːp **ディープ**] | | |

| □ **knowledge** | 名 | 知識, 理解 |
| □ [nɑ́lidʒ **ナ**れッヂ] | | |

| □ **develop** | 動 | …を発達させる |
| □ [divéləp ディ**ヴェ**ろプ] | | |

| □ **sense** | 名 | 感覚, センス |
| □ [séns **センス**] | | |

| □ **various** | 形 | いろいろな |
| □ [véəriəs **ヴェ**(ア)リアス] | | |

| □ **general** | 形 | 一般的な, 総合的な, 全般的な |
| □ [dʒénərəl **ヂェ**ネラる] | | |

| □ **specific** | 形 | 特定の, 具体的な |
| □ [spəsífik スペ**スィ**ふィック] | | |

| □ **continue** | 動 | …を続ける |
| □ [kəntínjuː コン**ティ**ニュー] | | |

| □ **can** | 助 | 【可能性】…することがあり得る |
| □ [kǽn **キ**ぁン；(弱く言うとき)kən **カ**ン] | | |

| □ **strength** | 名 | 強さ, 長所 |
| □ [stréŋkθ スト**ゥレ**ンクす] | | |

▷ I learned that there are **other** things to study.
私は他にも勉強すべきことがあることを学びました。

▶ His eyes were **deep** blue.
彼の目は深い青色でした。

▶ Her **knowledge** of science is fantastic.
彼女の科学の知識はすばらしい。

▶ I **developed** a love for her.
私は彼女への愛を育みました。

▶ You have a good **sense** of art.
あなたには優れた芸術のセンスがあります。

▶ We can see **various** animals at the zoo.
私たちは動物園でいろいろな動物を見ることができます。

▶ I have a **general** knowledge of science.
私は科学の一般的な知識をもっています。

▷ Sometimes we need **specific** knowledge.
私たちは特定の知識が必要なときがあります。

▶ I **continued** to read this book.
私はこの本を読み続けました。

▶ **Can** it be useful?
それは役立つことがあり得るのでしょうか。

▶ That knowledge can be your **strength** in the future.
その知識が将来あなたの強みになり得ます。

☐☐☐ **miss** [mís **ミ**ス]	動 …を見逃す，逃す
☐☐☐ **may** [méi **メ**イ]	助 【推量】…かもしれない， (たぶん)…だろう
☐☐☐ misunderstand [mìsÀndərstǽnd ミスアンダス**タ**ぁン ド]	動 …を誤解する
☐☐☐ meaning [mí:niŋ **ミ**ーニング]	名 意味
☐☐☐ moreover [mɔ:róuvər モーア**オ**ウヴァ]	副 なおそのうえに，さらに
☐☐☐ **writer** [ráitər **ラ**イタ]	名 筆者，作家
☐☐☐ **feeling(s)** [fí:liŋ **ふィ**ーリング]	名 感情，気持ち
☐☐☐ **it** [ít **イ**ット]	代 [「It is …(for + (人))+ to + 動詞の原形」で]((人) が)〜することは…です
☐☐☐ **catch** [kǽtʃ **キ**ぁッチ]	動 …を捕まえる，…をとら える
☐☐☐ **check** [tʃék **チ**ェック]	名 検査
☐☐☐ **by** [bái **バ**イ]	前 【動作主】…によって[主 に受け身の文で]

▷ AI sometimes **misses** important things.
AIはときどき重要なことを見逃します。

▶ I **may** be late to the party.
私はパーティーに遅れるかもしれません。

▶ We sometimes **misunderstand** each other.
私たちはときどきお互いを誤解します。

▶ What is the **meaning** of the word?
その単語の意味は何ですか。

▶ **Moreover**, he is facing many problems.
さらに，彼は多くの問題に直面しています。

▶ I met a famous **writer**.
私は有名な作家に会いました。

▶ I work in this company with a good **feeling**.
私はこの会社で気持ちよく仕事をしています。

▶ **It** is interesting for me to learn English.
私にとって英語を学ぶことはおもしろいです。

▶ He can read Chinese and **catch** the meaning.
彼は中国語を読み，その意味を理解することができます。

▷ A careful check **by** humans is necessary.
人間による注意深い検査が必要です。

☐☐☐	**human(s)** [hjúːmən **ヒュー**マン]	名	人間，人
☐☐☐	**necessary** [nésəsèri **ネ**セセリ]	形	必要な
☐☐☐	**effectively** [iféktivli イ**ふェ**クティヴリ]	副	効果的に
☐☐☐	**build** [bíld **ビ**るド]	動	…を築き上げる
☐☐☐	**relationship(s)** [riléiʃnʃip リ**れ**イシャンシップ]	名	関係，結びつき
☐☐☐	**connect** [kənékt コ**ネ**クト]	動	…を結びつける，つなぐ
☐☐☐	**everything** [évriθìŋ **エ**ヴリすィング]	代	何でも，全てのもの[こと]
☐☐☐	**reason** [ríːzn **リ**ーズン]	名	理由，根拠
☐☐☐	**bridge** [brídʒ ブ**リ**ッヂ]	名	橋
☐☐☐	**between** [bitwíːn ビトゥ**ウィ**ーン]	前	…(と〜)の間で[に，の]
☐☐☐	**through** [θrúː す**ル**ー]	前	【原因・手段】…のために，…によって

▶ Dogs are good friends to **humans**.
犬は人間にとって良き友です。

▶ It is **necessary** to make a reservation.
予約をする必要があります。

▷ It's important to use AI **effectively**.
AIを効果的に使用することが重要です。

▶ I'll **build** a new company.
私は新しい会社を築きます。

▷ People use languages to build **relationships**.
人々は関係を築くために言語を使います。

▶ The train **connects** the two towns.
その電車は二つの町を結んでいます。

▶ I'm interested in **everything** about the U.S.
私はアメリカに関する全てのことに興味があります。

▷ Now I found my **reason** to study English.
今私は英語を勉強する理由を見つけました。

▷ I want to be a bridge **between** people.
私は人と人をつなぐかけ橋になりたいです。

▶ We can communicate **through** languages.
私たちは言葉によってコミュニケーションを取ることができます。

□ **sorry**
□ [sɑ́ri **サ**リ, sɔ́:ri **ソ**ーリ]
□

形　すまなく思って

□ **I'm sorry (that ...).**
□
□

（…して）ごめんなさい。
すみません。

□ **phone**
□ [fóun **ふォ**ウン]
□

名　電話

□ **call**
□ [kɔ́:l **コ**ーる]
□

名　電話をかけること，通話

□ **put**
□ [pút **プ**ット]
□

動　…を表現する，書く

□ **paper**
□ [péipər **ペ**イパ]
□

名　紙，用紙

□ **attach(ing)**
□ [ətǽtʃ アタあッチ]
□

動　…をつける

□ **e-mail**
□ [í:mèil **イ**ーメイる]
□

名　Eメール

□ **look**
□ [lúk **る**ック]
□

名　[a lookで]見ること，ひと目

□ **take a look**
□
□

ちらりと見る，見てみる

□ **look forward to**
□
□

…を楽しみに待つ

▶ **I'm sorry** I can't do it.
それができなくてすみません。

▶ May I use your **phone**?
あなたの電話を使ってもよいですか。

▷ I'm sorry I missed your phone **call**.
電話に出られなくてごめんなさい。

▶ **Put** your name here.
ここにあなたの名前を書いてください。

▶ He looked at a piece of **paper** on the table.
彼はテーブルの上にある1枚の紙を見た。

▶ You need to **attach** a photo to it.
あなたはそれに写真を添付する必要があります。

▶ I got an **e-mail** from my mother.
私は母からメールを受け取りました。

▶ **Take a look** around.
まわりを見回して。

▷ I'm **looking forward to** talking with you.
あなたといっしょに話をするのを楽しみに待っています。

□ for now	今のところは
□	
□	
□ Bye for now,	さようなら。それでは。[Eメールなどの結びの言葉]
□	

豆マメ知識　　**州のニックネームを知ってる？**

　アメリカは50の州（state[ステイト]）からなる大きな国だ。それぞれの州には，正式名称のほかに，ニックネームもついている。地理的な特徴や歴史的な背景などから，その州を象徴する愛称がつけられているんだ。そのいくつかを紹介しよう。

・the Aloha State（アロハ州）

　ハワイ州のこと。aloha[アろウハー]はハワイ語のあいさつことば。人と会ったときだけでなく，別れるときにも使える。「こんにちは」「ようこそ」「さようなら」などの意味を表す便利なことばだ。

・the Empire State（帝国州）

　ニューヨーク州のこと。empire[エンパイア]は「帝国」という意味。ここには，アメリカ最大の都市で経済・文化の中心地，ニューヨーク市がある。ちなみに，ニューヨーク市は，親しみをこめてthe Big Apple[ざ ビッグ あプる]というニックネームで呼ばれているよ。

・the Golden State（黄金の州）

　カリフォルニア州のこと。ゴールドラッシュの中心地であったことからつけられた。ちなみに，ネバダ州はthe Silver State（銀の州）と呼ばれているよ。golden[ゴウるドゥン]は「金色の，金の」，silver

▶ **For now**, I don't want anything.
今のところは，何もほしくないです。

▶ **Bye for now**,
それでは，

[**スィ**るヴァ]は「銀の，銀色の，銀」という意味だね。
・**the Grand Canyon State**（グランドキャニオン州）
　アリゾナ州のこと。世界遺産にも登録されている，大峡谷the Grand Canyon[ざ グ**ラ**ぁンド **キ**ぁニョン]があることから。
・**the Sunshine State**（陽光の州）
　フロリダ州のこと。温暖な気候に恵まれ，sunshine[**サ**ンシャイン]つまり「太陽の光」をいっぱいに浴びたおいしい果物がとれる。メジャーリーグの球団のキャンプは，この州とアリゾナ州で行われるんだよ。

①A Message to Myself in the Future

☐☐☐ **message** [mésidʒ メセッヂ]	名 伝言, メッセージ
☐☐☐ **myself** [maisélf マイセるふ]	代 私自身を[に]
☐☐☐ tour [túər トゥア]	名 旅行, ツアー, 見学
☐☐☐ guide [gáid ガイド]	名 ガイド, 案内人
☐☐☐ work out	運動をする, 体を鍛える
☐☐☐ **improve** [imprúːv インプルーヴ]	動 …を改善する, 上達させる
☐☐☐ **English** [íŋgliʃ イングりッシ]	形 英語の, 英語で書かれた
☐☐☐ **skill(s)** [skíl スキる]	名 腕前, 技術
☐☐☐ **write** [ráit ライト]	動 (…に)手紙を書く
☐☐☐ **taught** [tɔ́ːt トート]	動 [teachの過去形]
☐☐☐ **introduce** [intrədjúːs イントゥロデュース]	動 …を紹介する

▶ Can I take a **message**?
何か伝言はありますか。

▷ A message to **myself** in the future.
将来の自分自身へのメッセージ。

▶ Please join our **tour**.
私たちのツアーに参加してください。

▶ My name is Sally. I'm your tour **guide** today.
私の名前はサリーです。本日の皆様のツアーガイドです。

▷ I will **work out** every day.
私は毎日運動をするつもりです。

▶ I would like to **improve** my Japanese.
私は自分の日本語を上達させたいです。

▶ I can't read this **English** book.
私はこの英語の本が読めません。

▶ Amy has good computer **skills**.
エイミーは優れたコンピュータ技術をもっています。

▷ I am **writing** from 2022. How are you?
私は2022年から手紙を書いています。お元気ですか。

▷ She **taught** me many things about Kyoto.
彼女は私に京都について多くのことを教えてくれました。

▶ I'll **introduce** my brother Hiroshi to you.
兄のヒロシをあなたに紹介します。

□ tourist(s) □ □ [túərist **トゥ**(ア)リスト]	名	観光客，旅行者
□ from abroad □ □		外国から（の）

📖 *Let's Read* ①
●History of Clocks

□ **watch** □ □ [wátʃ **ワ**ッチ]	名	腕時計，懐中時計
□ **however** □ □ [hauévər ハウ**エ**ヴァ]	副	しかしながら，けれども
□ **so** □ [sóu **ソ**ウ]	副	そんなに，それほど
□ **long** □ □ [lɔ́ːŋ **ロ**ーング]	副	長い間，ずっと
□ long ago □		ずっと前に
□ time keeping □ □ [táim kìːpiŋ **タ**イム キーピング]		時間の計測
□ **ancient** □ □ [éinʃənt **エ**インシェント]	形	古代の
□ **about** □ □ [əbáut ア**バ**ウト]	副	およそ，約，…ごろ
□ Egyptian(s) □ □ [idʒípʃn イ**ヂ**プシャン]	名	エジプト人

▶ We will welcome Japanese **tourists**.
私たちは日本人観光客を歓迎します。

▶ We talked with tourists **from abroad**.
私たちは外国からの観光客と話しました。

教科書p.52 〜 p.55

▶ His plan is fantastic. **However**, it's not easy.
彼の計画はすばらしい。しかしながら，簡単ではない。

▶ This comic book wasn't **so** bad.
このマンガ本はそれほど悪くはなかったです。

▶ I can't stay **long**.
長くはいられません。

▷ However, it was not so easy **long ago**.
しかし，ずっと前にはそれはそれほど簡単ではありませんでした。

▷ **Time keeping** has a very interesting history.
時間の計測にはとても興味深い歴史があります。

▷ **Ancient** people used nature to read the time.
古代の人々は時間を読むために自然を利用していました。

▶ You'll work **about** eight hours a day.
あなたは1日約8時間働くことになります。

▷ About 6,000 years ago, **Egyptians** used the sun.
約6,000年前，エジプト人は太陽を利用していました。

| □ **sun** | 名 | 太陽，日 |
| □ [sʌ́n **サン**] | | |

| □ stick(s) | 名 | 棒 |
| □ [stík **スティック**] | | |

| □ **ground** | 名 | 地面，土地 |
| □ [gráund **グラウンド**] | | |

| □ shadow(s) | 名 | 影 |
| □ [ʃǽdou **シぁドウ**] | | |

| □ **these** | 代 | これら，この人たち |
| □ [ðíːz **ずィーズ**] | | |

| □ some of | | …のうちいくつか[いく人か] |
| □ | | |

| □ at night | | 夜に(は) |
| □ | | |

| □ **start(ed)** | 動 | …を始める |
| □ [stáːrt **スタート**] | | |

| □ measure | 動 | …をはかる |
| □ [méʒər **メジャ**] | | |

| □ pot(s) | 名 | つぼ，かめ |
| □ [pát **パット**] | | |

| □ tiny | 形 | ごく小さい |
| □ [táini **タイ二**] | | |

| □ **hole(s)** | 名 | 穴 |
| □ [hóul **ホウる**] | | |

▶ Why did they use the **sun** to read the time?
なぜ彼らは時間を読むために太陽を利用したのですか。

▶ He put a **stick** near the door.
彼はドアの近くに棒を置きました。

▶ The **ground** in this area is very hard.
この地域の地面はとてもかたい。

▶ The **shadow** is long in the afternoon.
午後は影が長い。

▶ **These** are my friends.
この人たちは私の友達です。

▶ I gave **some of** my money to them.
私は彼らに私の金のいくらかをあげました。

▶ We walked to the station **at night**.
私たちは夜に駅まで歩きました。

▶ Mark **started** to eat sausages.
マークはソーセージを食べ始めました。

▶ What did ancient people use to **measure** time?
古代の人々は時間をはかるために何を利用しましたか。

▷ They put water in **pots**.
彼らはつぼに水を入れました。

▶ I visited a **tiny** museum in town.
私は町のごく小さな美術館を訪ねました。

▶ My sweater had a **hole** in it.
私のセーターには穴があいていました。

☐☐☐ **decrease(d)** [dikríːs ディク**リ**ース]	動	減る，減少する
☐☐☐ little by little		少しずつ
☐☐☐ **line** [láin **ら**イン]	名	線，電線，路線
☐☐☐ **fire** [fáiər **ふァ**イア]	名	火，炎
☐☐☐ burn(ed) [bə́ːrn **バ**〜ン]	動	…を燃やす
☐☐☐ candle(s) [kǽndl **キ**ぁンドゥる]	名	ろうそく
☐☐☐ **example** [igzǽmpl イグ**ザ**ぁンプる]	名	例，実例
☐☐☐ for example		例えば
☐☐☐ **light** [láit **ら**イト]	名	光，明かり
☐☐☐ mechanical [məkǽnikl メ**キ**ぁニクる]	形	機械の
☐☐☐ weight(s) [wéit **ウェ**イト]	名	重いもの，おもり
☐☐☐ **power** [páuər **パ**ウア]	動	…に動力を供給する， …を動力で動かす

▶ The number of children is **decreasing** in Japan.
日本では子どもの数が減少しつつあります。

▶ He improved his English **little by little**.
彼は少しずつ英語を上達させました。

▷ The **lines** in the pots told them the time.
つぼの線が彼らに時間を教えました。

▶ Don't play with **fire**.
火で遊んではいけません。

▶ He **burned** his old notebooks.
彼は古いノートを燃やしました。

▷ People saw the time by the lines on **candles**.
人々はろうそくの線で時間を見ました。

▶ Can you give me some **examples**?
いくつか例をあげてもらえますか。

▶ I like Japanese food, **for example**, sushi and soba.
私は日本料理が好きです。例えば，すしとそば。

▷ The candles gave them **light**.
ろうそくは彼らに明かりを与えました。

▷ People started to make **mechanical** clocks.
人々は機械の時計を作り始めました。

▶ I used the book as a **weight**.
私はその本をおもりとして使いました。

▷ They used springs to **power** the clocks.
彼らは時計に動力を供給するためにばねを使いました。

☐☐☐ **hour** [áuər **ア**ウア]	名	時刻
☐☐☐ **bell(s)** [bél **べ**る]	名	ベルや鈴, かね(の音)
☐☐☐ **heavy** [hévi **へ**ヴィ]	形	重い
☐☐☐ **to** [túː **トゥ**ー；(弱く言うとき)(子音の前 で)tə **タ**；(母音の前で)tu **トゥ**]	前	【不定詞(副詞的)】…する のが
☐☐☐ **move** [múːv **ムー**ヴ]	動	…を動かす
☐☐☐ **spring** [spríŋ スプ**リ**ング]	名	ばね, ぜんまい
☐☐☐ **light** [láit **ら**イト]	形	軽い
☐☐☐ eventually [ivéntʃuəli イ**ヴェ**ンチュアり]	副	最後には
☐☐☐ **begin** [bigín ビ**ギ**ン]	動	…を始める
☐☐☐ **began** [bigǽn ビ**ギぁ**ン]	動	[beginの過去形]
☐☐☐ begin to		…し始める
☐☐☐ **carry** [kǽri **キぁ**リ]	動	…を(持ち)運ぶ

▷ The clocks told the hour with **bells**.
その時計はベルで時刻を告げました。

▶ This bag is too **heavy** for me.
このかばんは私には重すぎます。

▶ That book is easy **to** understand.
その本は理解するのが簡単です。

▶ Can you **move** this table?
あなたはこのテーブルを動かせますか。

▷ The springs were small and **light**.
ばねは小さくて軽かった。

▶ **Eventually**, she could understand my feelings.
ようやく，彼女は私の気持ちが理解できました。

▶ How did he **begin** his career as a writer?
彼はどのようにして作家としての職業を始めたのですか。

▶ They all **began to** sing.
彼らはみな，歌い始めました。

▶ This bus can **carry** 50 people.
このバスは50人を運ぶことができます。

□□□ **everywhere** [évrihwèər エヴリ(ホ)ウェア]	副	どこでも，いたるところに[で]
□□□ **result** [rizʌ́lt リ**ザ**るト]	名	結果
□□□ **great** [gréit グ**レ**イト]	形	偉大な，すぐれた
□□□ **invention(s)** [invénʃn イン**ヴェ**ンシャン]	名	発明，発明品
□□□ **effort(s)** [éfərt **エ**ふォト]	名	努力
□□□ **improve** [imprúːv インプ**ル**ーヴ]	動	よくなる，進歩する
□□□ **recognize** [rékəgnàiz **レ**コグナイズ]	動	(見たり聞いたりして)…とわかる，…を認識する
□□□ **technology, technologies** [teknálədʒi テク**ナ**らヂィ]	名	(科学)技術，テクノロジー
□□□ **now** [náu **ナ**ウ]	副	さて，ところで，さあ
□□□ **it is time to ...**		…すべき時である
□□□ **wisdom** [wízdəm **ウィ**ズダム]	名	知恵，英知

▶ You can find convenience stores **everywhere** in Japan.
日本のいたるところでコンビニエンスストアを見つけることができます。

▶ I'm looking forward to the **result** of the contest.
私はコンテストの結果を楽しみに待っています。

▶ He's a **great** musician.
彼は偉大なミュージシャンです。

▶ I think the computer is a fantastic **invention**.
私はコンピュータはすばらしい発明だと思います。

▶ I began an **effort** to build a company.
私は会社を設立するための努力を始めました。

▷ Even now, clocks and watches are **improving**.
今でも置き時計や腕時計は進歩しています。

▷ Ancient people tried to **recognize** time.
古代の人々は時間を認識しようとしました。

▷ They used different ideas and **technologies** to measure time.
彼らは時間をはかるためにいろいろなアイディアと技術を使用しました。

▶ **Now**, let's try it again.
さあ，もう一度試してみよう。

▶ **It is time to** go to bed.
もう寝る時間ですよ。

▶ I'll learn the **wisdom** of ancient people.
古代の人々の知恵を学ぼう。

Unit 4　Homestay in the United States

扉

☐☐☐ **homestay**
[hóumstèi　**ホ**ウムステイ]

图　ホームステイ

☐☐☐ **the United States**
[ðə ju(:)náitid stéits　ざ ユ(ー)**ナ**イティッド ス**テ**イツ]

图　the United States (of America)アメリカ合衆国

Scene ①

☐☐☐ **member**
[mémbər　**メ**ンバ]

图　一員，メンバー

☐☐☐ **have to**
[hæftu(:)　**ハ**ぁふトゥ(ー)，hæftə　**ハ**ぁ ふタ]

…しなければならない

☐☐☐ **follow**
[fálou　**ふ**ァろウ]

動　…に従う，…を守る

☐☐☐ **rule(s)**
[rú:l　**ル**ーる]

图　規則，ルール

☐☐☐ **host**
[hóust　**ホ**ウスト]

图　(招待した客をもてなす)主人(役)

☐☐☐ **host family**

ホストファミリー[ホームステイ先の家族]

☐☐☐ **don't [doesn't] have to**

…しなくてよい

☐☐☐ **has to**
[hæstu(:)　**ハ**ぁストゥ(ー)，hæstə　**ハ**ぁ スタ]

…しなければならない

教科書p.57

▷ What's important in a **homestay**?
ホームステイでは何が重要ですか。

▶ When I went to **the United States**, I bought a lot of things.
私はアメリカに行ったとき，たくさんの物を買いました。

教科書p.59

▶ How many **members** are there in this group?
このグループには何人のメンバーがいますか。

▶ We **have to** change trains.
私たちは電車を乗り換えなければいけません。

▶ She didn't **follow** my advice.
彼女は私の忠告に従いませんでした。

▶ There is a **rule** between my parents and me.
両親と私の間には1つのルールがあります。

▷ If you have any questions, ask your **host family**.
質問があったら，ホストファミリーに質問してください。

▶ You **don't have to** apologize.
あなたは謝る必要はありません。

▶ She **has to** clean her room.
彼女は自分の部屋をきれいにしなければなりません。

□
□ **perfect** 形 完全な，完ぺきな，最適
□ [pə́ːrfikt **パ**〜ふェクト] な

□
□ **stay** 名 滞在
□ [stéi **ステ**イ]

□
□ **Wilson** 名 ウィルソン[姓]
□ [wílsn **ウィ**るスン]

□
□ **home** 副 家に[へ]
□ [hóum **ホ**ウム]

□
□ **by** 前 【時間】…までに
□ [bái **バ**イ]

□
□ **must** 助 …しなければならない
□ [mʌ́st **マ**スト：(弱く言うとき)məst
□ マスト]

□
□ **early** 形 早い，早く
□ [ə́ːrli **ア**〜り]

□
□ **alone** 副 ひとりで，ただ…だけ
□ [əlóun ア**ろ**ウン]

□
□ go out 外出する
□

□
□ must not …してはいけない
□

□
□ **safe** 形 安全な
□ [séif **セ**イふ]

▶ It is a **perfect** day for fishing.
魚釣りには最適な日です。

▷ Don't be shy, and enjoy your **stay**.
遠慮しないで，滞在を楽しんでください。

☐☐☐ **Mrs.**
[mísiz　**ミスィズ**]

图　［結婚している女性をさして］…さん，先生

▶ He went **home** soon.
彼はまもなく家に帰りました。

▶ I'll finish the job **by** tomorrow morning.
明日の朝までにその仕事を終わらせます。

▷ You **must** come home by six.
あなたは6時までに家に帰ってこなければいけません。

▷ Six o'clock? Isn't that a little **early**?
6時？　少し早くありませんか。

▶ He lives **alone** in London.
彼はロンドンにひとりで住んでいます。

▶ I'll **go out** for lunch.
昼食に出かけます。

▷ You **must not** go out alone.
あなたはひとりで出かけてはいけません。

▶ It is **safe** to stay at home in the evening.
夜は家にいるのが安全です。

for [fɔ́ːr **ふオーア**；(弱く言うとき)fər **ふオ**]	前	…にとって
young [jʌ́ŋ **ヤング**]	形	若い，幼い
mustn't [mʌ́snt **マ**スント]		= must not

Read and Think ①

case [kéis **ケ**イス]	名	場合
finish(ed) [fíniʃ **ふィ**ニッシ]	動	…を終える
bathroom [bǽθrùːm **バあ**すルーム]	名	浴室
such [sʌ́tʃ **サ**ッチ]	形	そんなに[こんなに]…な
save [séiv **セ**イヴ]	動	…を節約する
father [fáːðər **ふア**ーざ]	名	父，お父さん
much [mʌ́tʃ **マ**ッチ]	形	[数えられない名詞につけて]多くの，多量の
plate [pléit **プれ**イト]	名	(浅い)取り皿

▶ It's difficult **for** me to understand his feelings.
私にとって彼の気持ちを理解するのは難しいです。

▶ Who is that **young** boy? – That is Takeshi.
あの若者はだれですか。－あれはタケシです。

教科書p.62 〜 p.63

▶ In that **case**, I'm against the plan.
その場合，私はその計画に反対です。

▶ I **finished** my homework before dinner.
私は夕食前に宿題を終えました。

▶ Don't sing in the **bathroom**.
浴室で歌ってはいけません。

▷ I can't finish washing in **such** a short time.
私はそんなに短い時間で洗い終えることはできません。

▶ He used a computer to **save** time.
彼は時間を節約するために，コンピュータを使いました。

▷ My host **father** is good at cooking.
私のホストファーザーは料理が上手です。

▶ I didn't have **much** time to study.
勉強する時間があまり多くはありませんでした。

▷ He puts too much food on my **plate**.
彼は私の取り皿にあまりにたくさん食べ物をのせます。

□
□ **hurt**
□ [hə́:rt **ハ〜ト**]　動 …を傷つける

□
□ **much**
□ [mʌ́tʃ **マッチ**]　代 多量, たくさん

Read and Think ②

□
□ **elderly**
□ [éldərli **エ**るダり]　形 年配の

□
□ **couple**
□ [kʌ́pl **カ**プる]　名 夫婦

□
□ **or**
□ [ɔ́:r **オー**ア；(弱く言うとき)ər　ア]　接 [否定文で]…もまた(〜ない)

□
□ **bored**
□ [bɔ́:rd **ボー**ド]　形 退屈した

□
□ **one of**
□　…の1つ[1人]

□
□ **hobby, hobbies**
□ [hάbi **ハ**ビ]　名 趣味

□
□ **after all**
□　結局, とうとう

□
□ **experience**
□ [ikspíəriəns イクス**ピ**(ア)リエンス]　名 経験, 体験

□
□ **couldn't**
□ [kúdnt **ク**ドゥント]　= could not

00

▷ I don't want to **hurt** his feelings.
私は彼の気持ちを傷つけたくありません。

▶ I don't know **much** about her.
私は彼女についてあまりよく知りません。

教科書p.64 ～ p.65

▶ Be kind to **elderly** people.
年配の人々に親切にしなさい。

▶ My parents are a great **couple**.
私の両親はすばらしい夫婦です。

▷ They didn't watch TV **or** have video games.
彼らはテレビも見ないし，またテレビゲームも持っていませんでした。

▷ I got **bored** at night because I had nothing to do.
何もすることがなかったので，夜は退屈しました。

▶ He is **one of** the famous singers in the U.S.
彼は米国で有名な歌手の１人です。

▶ What are your **hobbies**? – It's climbing mountains.
あなたの趣味は何ですか。ー山に登ることです。

▶ I did my best, but I lost the game **after all**.
私は最善を尽くしましたが，結局試合に負けました。

▶ It was a good **experience** for me.
それは私にとってよい経験でした。

▶ I **couldn't** do anything.
私は何もできませんでした。

□
□ **keep**
□ [kíːp **キープ**]

動 keep ...ing …し続ける

□
□ **kept**
□ [képt **ケプト**]

動 [keepの過去形]

□
□ **carefully**
□ [kéərfəli **ケ**アふり]

副 注意深く

□
□ **both**
□ [bóuθ **ボ**ウす]

接 [both ... and 〜で]
…も〜も両方

□
□ **near**
□ [níər **ニ**ア]

形 近い，近くの

Let's Write ②
●ホームステイのお礼状 ——手紙——

□
□ **especially**
□ [ispéʃəli イス**ペ**シャり]

副 特に，とりわけ

□
□ **Best wishes,**
□

それでは。[手紙の結び
の言葉]

会話のヒント　「さようなら」もいろいろ

　「さようなら」は英語で何て言う？　"Goodbye." でしょうって？
でも "Goodbye." はていねいな表現で，かしこまった場面で使うこ
とが多く，実は，親しい人どうしでは，わかれぎわに "Goodbye."
と言うことは意外と少ないんだよ。
　では，ふつうは何て言うって？　ふだん友達とわかれるときな
どは，「じゃあね」とか「またね」というくらいの感覚でBye!やSee

▷ I **kept** trying to speak in English.
私は英語で話そうとし続けました。

▶ She looked at his face **carefully**.
彼女は彼の顔を注意深く見ました。

▶ I'm good at **both** English and math.
私は英語も数学も得意です。

▷ I want to visit them again in the **near** future.
私は近い将来また彼らを訪ねたいです。

教科書p.67

▶ I'm not **especially** interested in it.
私は特にそれには興味ありません。

▷ **Best wishes,**
それでは,

you! をよく使うんだ。

　ほかにも, See you later[ﾚｲﾀ]!(あとでね)やSee you tomorrow!
(また明日)とよく言ったりする。laterやtomorrowのところに,
具体的な日時を入れて, See you on Monday.(じゃあまた月曜日
に)とかSee you at five.(5時にまたね)などと言うこともできる。

　Have a nice day!　Bye!(じゃあね, よい一日を)なんかも覚え
ておこう。週末だったら, Have a nice weekend[ｳｨｰ ケンド]!
Bye!(じゃあね, よい週末を)もよく使う表現だよ。

扉

□ □ □ **universal**
[jùːnəvə́ːrsl　ユーニ**ヴァ**〜さる]

形　全ての人々の

□ □ □ **universal design**
[jùːnəvə́ːrsl dizáin　ユーニ**ヴァ**〜さる
ディ**ザ**イン]

ユニバーサルデザイン

Scene ①

□ □ □ **product(s)**
[prádəkt　プ**ラ**ダクト]

名　製品

□ □ □ **exhibition**
[èksibíʃn　エクスィ**ビ**シャン]

名　展示

□ □ □ **first-hand**
[fə́ːrsthǽnd　**ふァ**〜スト**ハ**ぁンド]

副　直接に，じかに

□ □ □ **to**
[túː　**トゥ**ー；(弱く言うとき)(子音の前
で)tə　タ；(母音の前で)tu　トゥ]

前　【疑問詞+不定詞】…すべ
きか，…したらよいか，
…のやり方

□ □ □ **how to**

…する方法，どう…する
か

□ □ □ **facility, facilities**
[fəsíləti　ふァ**スィ**りティ]

名　施設，設備

□ □ □ **and**
[ǽnd　**あ**ンド；(弱く言うとき)ənd
アン(ド)]

接　[comeやgoのあとに用
いて]…しに(来る，行く)

教科書p.71

▶ Music is one of the **universal** languages.
音楽は全ての人々の言語の一つです。

▷ What's the meaning of "**universal design**"?
「ユニバーサルデザイン」とはどういう意味ですか。

教科書p.73

▶ I want to try this new **product**.
私はこの新製品を試してみたいです。

▶ I'm going to see an **exhibition** of children's art.
私は子供の図画展を見る予定です。

▶ I could experience a foreign culture **first-hand**.
私は外国の文化をじかに経験することができました。

▷ I know **how to** use these products.
私はこれらの製品をどのように使うかを知っています。

▶ We need to improve school **facilities**.
私たちは学校の設備を改善する必要があります。

▷ Please come **and** learn.
ぜひ学びに来てください。

☐☐☐ **staff**
[stǽf ス**タ**ぁふ]
　名　職員, 従業員

☐☐☐ **over here**
　こちらに, こちらでは

☐☐☐ **jar**
[dʒá:*r* **ヂャ**ー]
　名　びん, つぼ

☐☐☐ **bump(s)**
[bʌ́mp **バ**ンプ]
　名　でこぼこ

☐☐☐ **braille**
[bréil ブ**レ**イる]
　名　点字

☐☐☐ **helpful**
[hélpfl **へ**るプふる]
　形　助けになる, 役に立つ

☐☐☐ **feature(s)**
[fí:tʃər **ふィ**ーチャ]
　名　特色, 特徴

☐☐☐ **all**
[ɔ́:l **オ**ーる]
　形　全ての, 全部の

☐☐☐ **plastic**
[plǽstik プ**らぁ**スティック]
　形　プラスチック[ビニール]
　　　製の

☐☐☐ **hold**
[hóuld **ホ**ウるド]
　動　…を持つ, つかむ, 抱く

▶ He is a **staff** member of the hotel.
彼はホテルの従業員です。

▶ It's not so cold in winter **over here**.
こちらでは冬はそれほど寒くありません。

▶ Can you open this **jar** of jam?
このジャムのびんをあけてもらえますか。

▷ Thanks to the **bumps**, we can open it easily.
でこぼこのおかげで，私たちはそれを簡単にあけることができます。

▶ I can tell you how to read **braille**.
私はあなたにどのように点字を読むかを教えることができます。

▶ I got kind and **helpful** advice from her.
私は彼女から親切で役立つアドバイスをもらいました。

▶ Do you know the **feature** of this product?
あなたはこの商品の特徴を知っていますか。

▶ **All** students in this school are good at sports.
この学校の生徒は全員スポーツが得意です。

☐
☐ plastic bottle　　　　　　　　ペットボトル
☐

▶ Eri, **hold** my hand.
エリ，私の手をにぎって。

□ shape □ □ [ʃéip シェイプ]	名	形
□ **common** □ □ [kámən カモン]	形	ふつうの，よくある，共通の
□ **that** □ [ðǽt ざット；(弱く言うとき)ðət ざット]	接	…して，…であることを
□ **glad** □ □ [glǽd グらぁッド]	形	うれしい
□ handrail □ □ [hǽndrèil ハぁンドレイる]	名	手すり
□ finger(s) □ □ [fíŋgər ふィンガ]	名	(手の)指
□ ramp □ □ [rǽmp ラぁンプ]	名	スロープ
□ stair(s) □ □ [stéər ステア]	名	[stairsで]階段
□ pull(ing) □ □ [púl プる]	動	…をひく，ひっぱる
□ luggage □ □ [lʌ́gidʒ らゲッヂ]	名	手荷物
□ **the** □ [(子音の前で)ðə ざ，(母音の前で)ði □ ずィ；(強く言うとき)ðíː ずィー]	冠	[形容詞につけて] …な[の]人々
□ the elderly □		お年寄り

▷ It has a special **shape**.
それは特殊な形をしています。

▶ It is a **common** problem in Japan.
それは日本ではよくある問題です。

▶ I am **glad** that you got interested in universal design.
ユニバーサルデザインに興味をもっていただけて私はうれしいです。

▶ **Handrails** are necessary for old people.
手すりはお年寄りにとって必要です。

▶ I hurt my **finger** during a volleyball game.
私はバレーボールの試合中に指を痛めました。

▶ This hospital has a lot of **ramps**.
この病院にはスロープがたくさんあります。

▶ I'll take the **stairs**.
私は階段で行きます。

▶ Hey, don't **pull** the chair.
こら，イスをひっぱらないで。

▶ The staff carried some **luggage**.
スタッフは手荷物を運びました。

▷ It also helps **the elderly**.
それはお年寄りの助けにもなります。

☐ ☐ ☐ **baby, babies** [béibi ベイビ]	名 赤ん坊

☐ ☐ ☐ **father** [fá:ðər ふアーざ]	名 [the father ofで]…の創始者, 生みの親
☐ ☐ ☐ Ronald Mace [ránəld méis ラナるド メイス]	名 ロナルド・メイス[男性名]
☐ ☐ ☐ American [əmérikən アメリカン]	形 アメリカの, アメリカ人の
☐ ☐ ☐ professor [prəfésər プロふェサ]	名 教授
☐ ☐ ☐ childhood [tʃáildhùd チャイるドフッド]	名 子供のころ
☐ ☐ ☐ **way** [wéi ウェイ]	名 方法, やり方
☐ ☐ ☐ way to	…する方法
☐ ☐ ☐ **better** [bétər ベタ]	形 [good,wellの比較級]もっとよい, よくなって
☐ ☐ ☐ society [səsáiəti ソサイアティ]	名 社会
☐ ☐ ☐ disabled [diséibld ディスエイブるド]	形 体の不自由な

▶ I'm going to have a **baby** next month.
来月赤ちゃんが生まれます。

教科書p.78 〜 p.79

▷ Who is the **father** of universal design?
ユニバーサルデザインの創始者はだれですか。

▶ I often watch **American** movies.
私はよくアメリカの映画を見ます。

▶ **Professor** Brown teaches traditional art.
ブラウン教授は伝統芸術を教えています。

▷ He was in a wheelchair from **childhood**.
彼は子供のころから車いすに乗っていました。

▶ Do you know the best **way to** learn English?
英語を学ぶ最もよい方法を知っていますか。

▶ Which do you like **better**, English or math?
英語と数学のどちらが好きですか。

▶ He works as a member of **society**.
彼は社会の一員として働いています。

▶ This place is for **disabled** people.
この場所は体が不自由な人たちのためのものです。

□ **the** □ [(子音の前で)ðə ざ, (母音の前で)ði □ ずィ ;(強く言うとき)ðíː **ずィー**]	冠	[年代の10年をまとめ て表す場合]the 2010s 2010年代
□ the (1970)s □ [ðə nàintíːn sévntiz ざ ナイン**ティー**ン □ **セ**ヴンティズ]		(1970)年代
□ remove □ [rimúːv リ**ムー**ヴ]	動	…を取り除く
□ barrier(s) □ [bǽriər **バ**ぁリア]	名	壁, 障壁
□ **old** □ [óuld **オ**ウるド]	形	年をとった
□ **as** □ [ǽz **あ**ズ ;(弱く言うとき)əz アズ]	接	【時】…のとき, …するに つれて
□ found(ed) □ [fáund **ふァ**ウンド]	動	…を創立する
□ center □ [séntər **セ**ンタ]	名	(活動などの)中心地, セ ンター
□ spread □ [spréd スプ**レ**ッド]	動	…を広げる, 広める
□ spread □ [spréd スプ**レ**ッド]	動	[spreadの過去形]

Let's Talk ③
● 電車の乗りかえ ——道案内——

□ Raffles Place □ [rǽflz pléis **ラ**ぁふるズ プ**れ**イス]	名	ラッフルズ・プレイス

▶ Life in the U.S. in **the 1970s** wasn't easy.
1970年代の米国での生活は楽なものではありませんでした。

▶ I **removed** my clothes in the bathroom.
私は浴室で服を脱ぎました。

▶ We often face the language **barrier** in a foreign country.
私たちはしばしば外国で言葉の壁に直面します。

▶ He looks so **old**.
彼はとても年をとって見えます。

▷ We often become disabled **as** we get old.
私たちは年をとるにつれて，しばしば体が不自由になります。

▶ He **founded** a music school in Kobe.
彼は神戸に音楽学校を創立しました。

▶ There is a city hall in the **center** of the city.
市の中心地に市役所があります。

▷ He **spread** his idea to the world.
彼は自分の考えを世界に広めました。

教科書p.81

▷ Could you tell me how to get to **Raffles Place** Station?
ラッフルズ・プレイス駅への行き方を教えてくださいませんか。

☐☐☐ **downtown** [dáuntàun **ダ**ウンタウン]	名	(町の)中心街
☐☐☐ **the Downtown Line** [ðə dáuntàun láin　ざ **ダ**ウンタウン **ら**イン]	名	ダウンタウン線
☐☐☐ **Bugis** [bú:gis　**ブ**ーギス]	名	ブギス[地名]
☐☐☐ **change trains**		電車を乗りかえる
☐☐☐ **which** [hwítʃ　(ホ)**ウィ**ッチ]	形	どちらの, どの
☐☐☐ **east** [í:st　**イ**ースト]	名	東, 東部
☐☐☐ **west** [wést　**ウェ**スト]	名	西, 西部
☐☐☐ **the East West Line** [ði í:st wèst láin　ずィ **イ**ースト ウェスト **ら**イン]	名	東西線

▶ Our school is in the **downtown**.
私たちの学校は町の中心街にあります。

▷ Take **the Downtown Line** to Bugis.
ブギスまでダウンタウン線を利用してください。

□
□ **change**   動 （電車など）を乗りかえる
□ [tʃéindʒ **チェインヂ**]

▶ Where do I **change trains**?
どこで電車を乗りかえますか。

▷ **Which** line should I take from Bugis?
ブギスからどの路線に乗ったらいいですか。

▶ They came from the **east**.
彼らは東からやってきました。

▶ Kofu is to the **west** of Tokyo.
甲府は東京の西にあります。

扉

research
[risə́:rtʃ リ**サ**〜チ]

動 …を研究する，調査する

topic
[tápik **タ**ピック]

名 話題，トピック

Scene ①

trivia
[tríviə トゥ**リ**ヴィア]

名 雑学的な知識

quiz
[kwíz ク**ウィ**ズ]

名 クイズ

tall
[tɔ́:l **トー**る]

形 背が高い，高い

Godzilla
[gɑdzílə ガ**ヅィ**ーら]

名 ゴジラ

than
[ðǽn **ざぁ**ン；(弱く言うとき)ðən ざン]

前接 …よりも

old
[óuld **オ**ウるド]

形 古い

neighbor
[néibər **ネ**イバ]

名 近所の人，隣人

▶ I want to **research** an ancient culture.
私は古代文明を研究したいです。

▶ Let's change the **topic** to baseball.
話題を野球に変えましょう。

▶ I borrowed a **trivia** book from the library.
私は図書館から雑学の本を借りました。

▶ She won one thousand dollars on a TV **quiz** show.
彼女はテレビのクイズ番組で1,000ドルを勝ち取りました。

▶ It was a very **tall** tree.
それはとても背の高い木でした。

☐ the Statue of Liberty　　図　自由の女神像
☐ [ðə stǽtʃuː əv líbərti　ざ ス**タ**ぁチュー
☐ アヴ **り**バティ]

▷ Godzilla is taller **than** the Statue of Liberty.
ゴジラは自由の女神より背が高いです。

▷ *My Neighbor Totoro* is **older** than *Your name*.
「となりのトトロ」は「君の名は。」より古いです。

▶ I talked with my **neighbor**.
私は隣人と話しました。

☐☐☐ **action**
[ǽkʃn **ア**クシャン]

名 アクション, 行動

☐☐☐ **comedy**
[kámədi **カ**メディ]

名 喜劇, コメディー

☐☐☐ **animated**
[ǽnəmèitid **ア**ニメイティッド]

形 アニメの

☐☐☐ **fiction**
[fíkʃn **ふィ**クシャン]

名 小説, フィクション

☐☐☐ **science fiction**
[sáiəns fíkʃn **サ**イエンス **ふィ**クシャン]

名 SF, 空想科学小説

☐☐☐ **more**
[mɔ́ːr **モ**ーア]

副 [比較級を作る](～より)
もっと…

☐☐☐ **most**
[móust **モ**ウスト]

副 [最上級を作る]いちばん
…, 最も…

☐☐☐ **answer(ing)**
[ǽnsər **あ**ンサ]

動 …に答える

☐☐☐ **large**
[láːrdʒ **ら**ーヂ]

形 大きい, 広い

▶ We enjoyed playing the **action** game.
私たちはアクションゲームをして楽しみました。

▶ I want to become a **comedy** actor in the future.
私は将来コメディ俳優になりたいです。

▶ This **animated** movie is full of dreams.
このアニメ映画は夢に満ちています。

▶ I'm writing **fiction** now.
私は今小説を書いています。

▷ I like **science fiction** movies.
私はSF映画が好きです。

▶ I think this book is **more** interesting than that one.
私はこの本はあの本よりおもしろいと思います。

▶ The **most** popular food for them was rice balls.
彼らに最も人気のあった食べ物はおにぎりでした。

▷ Thank you for **answering** my questions.
質問に答えてくれてありがとう。

▷ Which is **larger**, the dolphin or the tuna?
イルカとマグロのどちらが大きいですか。

□ **graph(s)**
□ [grǽf　グラぁふ]
□

名　グラフ，図表

□ **research**
□ [risə́ːrtʃ　リサ～チ]
□

名　研究，調査

□ **percent**
□ [pərsént　パセント]
□

名　パーセント

□ **as**
□ [ǽz　あズ；(弱く言うとき)əz　アズ]
□

前　…のような

□ **for**
□ [fɔ́ːr　ふォーア；(弱く言うとき)fər
□ ふォ]

前　【関連】…については

□ **as for**
□
□

…について言えば

□ **best**
□ [bést　ベスト]
□

副　[well, very muchの最上級]最もよく，いちばん(うまく)

□ **same**
□ [séim　セイム]
□

形　同じ，同一の

□ **such**
□ [sʌ́tʃ　サッチ]
□

形　そのような，このような

□ **... such as ～**
□
□

～のような…

□ **love**
□ [lʌ́v　らヴ]
□

名　愛，恋愛

教科書p.88 ～ p.89

▷ Please look at the **graphs**.
グラフを見てください。

▶ Can you tell me about your **research**?
あなたの調査について私に話してくれますか。

▷ Ninety-five **percent** of our classmates like movies.
クラスメートの95パーセントは映画が好きです。

▶ I'll leave **for** today.
今日のところは帰ります。

▶ **As for** me, I don't like him.
私について言えば，彼が好きではありません。

▶ Which season do you like the **best**?
あなたはどの季節が一番好きですか。

▶ Meg and I took the **same** class.
メグと私は同じ授業を受けました。

▶ **Such** people don't need to join the team.
そのような人たちはチームに加わる必要はありません。

▶ I like fruits, **such as** peaches, melons, or oranges.
私はもも，メロン，オレンジなどの果物が好きです。

▶ He couldn't win her **love**.
彼は彼女の愛を勝ち取ることができませんでした。

☐☐☐ **story, stories** [stɔ́:ri スト−リ]	名	話，物語
☐☐☐ horror [hɔ́:rər ホ−ラ]	名	恐怖
☐☐☐ as a result (of)		(…の)結果として
☐☐☐ **find** [fáind ふァインド]	動	…に気がつく，…がわかる
☐☐☐ **more** [mɔ́:r モ−ア]	代	もっと多くのもの[こと]
☐☐☐ more than		…より多くの人[もの，こと]
☐☐☐ **better** [bétər ベタ]	副	[well, very muchの比較級]よりよく，より以上に

Read and Think ②

☐☐☐ feedback [fí:dbæk ふィ−ドバぁック]	名	意見，フィードバック
☐☐☐ speaker [spí:kər スピ−カ]	名	話す人，演説者
☐☐☐ content [kántent カンテント]	名	中身，内容
☐☐☐ delivery [dilívəri デリヴァリ]	名	話しぶり

▶ There is a **story** about that event in the newspaper.
新聞にその出来事についての話がのっています。

▶ I don't want to go to watch a **horror** movie.
私はホラー映画を見に行きたくありません。

▶ What happened **as a result of** it?
その結果，何が起こりましたか。

▶ I **found** that the book was interesting.
その本がおもしろいことがわかりました。

▶ Please tell me **more** about it?
それについてもっと多くを話してもらえますか。

▶ **More than** half of the students don't have a pencil.
半分より多くの生徒がえんぴつを持っていません。

▶ I like this pot **better** than that one.
私はあのつぼよりこのつぼの方が好きです。

教科書p.90 ～ p.91

▶ I gave **feedback** to Tom about his presentation.
私はトムにプレゼンテーションのフィードバックをしました。

▶ He is a good **speaker**.
彼は話が上手です。

▶ The **content** of his presentation was easy to understand.
彼のプレゼンテーションの内容はわかりやすかったです。

▶ His **delivery** was good.
彼の話しぶりはよかったです。

□□□ **contact** [kántækt **カ**ンタぁクト]	名	接触
□□□ **eye contact** [ái kàntækt **ア**イ カンタぁクト]		視線を合わすこと，アイコンタクト
□□□ **second** [sékənd **セ**カンド]	副	第2に，2番めに
□□□ **as** [ǽz **あ**ズ；(弱く言うとき)əz アズ]	接	【比較】～と同じくらい…[ふつうas ... as ～の形で用いられる。前のasは副詞]
□□□ **feel like ...ing**		…したい気がする
□□□ **spoke** [spóuk ス**ポ**ウク]	動	[speakの過去形]
□□□ **clearly** [klíərli ク**リ**アり]	副	はっきりと
□□□ **data** [déitə **デ**イタ]	名	資料，データ
□□□ **slide(s)** [sláid ス**ら**イド]	名	(映写機の)スライド
□□□ **letter(s)** [létər **れ**タ]	名	文字
□□□ **front** [fránt ふ**ラ**ント]	形	前の
□□□ **row** [róu **ロ**ウ]	名	(座席の)列

▶ I didn't make **eye contact** with him.
私は彼と視線を合わせませんでした。

▷ They are the **second** most popular kind of movies.
それらは2番目に人気のある種類の映画です。

▷ They are **as** popular **as** science fiction movies.
それらはSF映画と同じくらい人気があります。

▶ I don't **feel like doing** anything.
私は何もやる気がしません。

▶ She **spoke** to me about her life.
彼女は自分の生活について私に話しました。

▶ Could you speak more **clearly**?
もっとはっきり話してもらえますか。

▶ It is the **data** about my country.
それは私の国についてのデータです。

▶ The graphs on your **slides** aren't clear.
あなたのスライドのグラフがわかりにくいです。

▷ Please use larger **letters** next time.
次回はもっと大きな文字を使ってください。

▶ I put my luggage by the **front** seat.
私は前の席のそばに自分の荷物を置きました。

▷ I sit in the front **row**.
私は前の列に座っています。

Unit Activity

☐ **slow**
☐ [slóu スろウ]

形 遅い

Let's Talk ④
●買い物 ——申し出る・要望を伝える——

☐ **goods**
☐ [gúdz グッヅ]

名 商品, 品物

☐ **size**
☐ [sáiz サイズ]

名 サイズ, 寸法

☐ **price**
☐ [práis プライス]

名 値段

☐ **medium**
☐ [mí:diəm ミーディアム]

形 中くらいの, Mサイズの

☐ **under**
☐ [ʌ́ndər アンダ]

前 …未満で

☐ May I help you?

[店員が客に対して]い
らっしゃいませ

☐ **customer**
☐ [kʌ́stəmər カスタマ]

名 客, 顧客

☐ How about ...?

[提案・勧誘]…(して)は
どうですか。

☐ How much ...?

…はいくらですか。

教科書p.92

▶ Buses are **slower** than trains.
バスは電車より遅いです。

教科書p.93

▶ He bought the **goods** for twenty dollars.
彼はその商品を20ドルで買いました。

▷ What **size** are you looking for?
どのサイズをお探しですか。

▶ She bought it at half **price**.
彼女はそれを半額で買いました。

▶ Can I get a **medium** coffee?
Mサイズのコーヒーをいただけますか。

▶ **May I help you?** – Fried chicken, please.
いらっしゃいませ。－フライドチキンをお願いします。

▶ A lot of **customers** visit that shop.
たくさんのお客様があの店を訪れます。

▷ **How about** this one?
こちらはどうですか。

▷ **How much** is it?
それはおいくらですか。

☐ **shall** ☐ [ʃǽl **シ**ぁる；(弱く言うとき)ʃəl ☐ シャる]	助	【提案・勧誘】[相手の意思をたずねて]Shall I [we] ...? …しましょうか。

Let's Read ②
●A Glass of Milk

☐ **glass** ☐ [glǽs **グらぁス**] ☐	名	コップ，グラス
☐ **a glass of** ☐ ☐		コップ1杯(の量)の
☐ **once** ☐ [wʌ́ns **ワンス**] ☐	副	かつて，以前，昔
☐ **door-to-door** ☐ [dɔ́:rtədɔ́:r **ドーアタドーア**] ☐	副	戸別に，1軒ずつ
☐ **earn(ing)** ☐ [ə́:rn **ア〜ン**] ☐	動	…をかせぐ
☐ **few** ☐ [fjú: **ふュー**] ☐	形	少しの
☐ **a few** ☐ ☐		少数の，いくらかの
☐ **coin(s)** ☐ [kɔ́in **コイン**] ☐	名	硬貨，コイン
☐ **knock(ed)** ☐ [nɑ́k **ナック**] ☐	動	ノックする，コツコツたたく
☐ **well-off** ☐ [wélɔ́(:)f **ウェるオ(ー)ふ**] ☐	形	裕福な

▷ **Shall** I show you a bigger one?
もっと大きなものをお見せしましょうか。

教科書p.100 ～ p.103

▷ She brought him **a glass of** milk.
彼女は彼にコップ１杯の牛乳をもってきました。

▶ My grandfather **once** lived in Osaka.
私の祖父は以前，大阪に住んでいました。

▶ He was selling candy **door-to-door**.
彼は１軒ずつキャンディーを売っているところでした。

▷ He was **earning** money to go to school.
彼は学校に行くためにお金をかせいでいました。

▶ I have **a few** friends in Okinawa.
私は沖縄に数人の友達がいます。

▶ He put a **coin** in the pocket.
彼はコインをポケットに入れました。

▶ Did you **knock** on the door?
あなたはドアをノックしましたか。

▶ He wants to be **well-off**.
彼は裕福になりたいと思っています。

□ **herself** □ [hərsélf ハ**セ**るふ]	代	彼女自身，自ら
□ **be about to** □		今にも…しようとしている
□ **sorry** □ [sári **サ**リ, sɔ́:ri **ソー**リ]	形	気の毒で，かわいそうで
□ **much** □ [mʌ́tʃ **マ**ッチ]	副	[形容詞・副詞の比較級・最上級を強調して]ずっと，はるかに
□ **pocket** □ [pákit **パ**ケット]	名	ポケット
□ **reply, replied** □ [riplái リプ**ら**イ]	動	…と答える
□ **pay** □ [péi **ペ**イ]	動	(代金などを)払う
□ **kindness** □ [káindnəs **カ**インドネス]	名	親切，親切な行為
□ **before** □ [bifɔ́:r ビ**ふォー**ア]	接	…する前に，…しないうちに
□ **left** □ [léft **れ**ふト]	動	[leaveの過去形]
□ **strong** □ [strɔ́:ŋ ストゥ**ロー**ング]	形	強い，じょうぶな
□ **and** □ [ǽnd **あ**ンド；(弱く言うとき)ənd ア □ ン(ド)]	接	[命令文のあとで]そうすれば

▶ She asked **herself**, "What can I do?"
「私は何ができるか」と彼女は自分に問いました。

▶ When I **was about to** leave, it began to snow.
私がちょうどでかけようとしたとき，雪が降り始めました。

▷ She felt **sorry** for him.
彼女は彼を気の毒に思いました。

▶ I'm feeling **much** better now.
今はずっと元気になってきています。

▷ He took the coins out of his **pocket**.
彼はポケットから硬貨を取り出しました。

▶ "I can't understand," he **replied**.
「私は理解できません」と彼は答えました。

▷ You don't need to **pay**.
あなたはお金を払う必要はありません。

▶ I will never forget your **kindness**.
私はあなたの親切を忘れません。

▶ I have to finish my job **before** I go shopping.
私は買い物に行く前に仕事を終えなければいけません。

▶ She **left** home at 8:00.
彼女は８時に家を出ました。

▶ My mother is a **strong** and brave woman.
私の母は強くて勇かんな女性です。

▶ Turn left, **and** you'll see a station.
左に曲がると，駅が見えます。

☐☐☐ **before** [bifɔ́ːr ビ**ふォ**ーア]	副	以前に，かつて
☐☐☐ **smile** [smáil ス**マ**イる]	名	ほほえみ，微笑
☐☐☐ with a smile		にっこり笑って
☐☐☐ **wonder(ed)** [wʌ́ndər **ワ**ンダ]	動	思いをめぐらす
☐☐☐ **do** [dúː **ドゥ**ー, də ダ]	動	暮らす
☐☐☐ do well		順調にやる，元気になる
☐☐☐ **by** [bái **バ**イ]	副	通り過ぎて
☐☐☐ go by		(時間が)過ぎる，通り過ぎる
☐☐☐ **ill** [íl **イ**る]	形	病気で，ぐあい[気分]が悪い
☐☐☐ in front of		…の前で[に]
☐☐☐ **send** [sénd **セ**ンド]	動	(～に)…をおくる，(人)を行かせる
☐☐☐ **sent** [sént **セ**ント]	動	[sendの過去形]

▷ The boy felt stronger than **before**.
少年は以前より強くなったような気がしました。

▷ She gave me a **smile**.
彼女は私にほほえんだ。

▶ "Thank you," she said **with a smile**.
「ありがとう」と彼女はにっこり笑って言いました。

▶ She was **wondering** about her future.
彼女は自分の将来に思いをめぐらせていました。

▶ How are you **doing**?
いかがお過ごしですか。

▶ I am sure you will **do well** at the new school.
あなたが新しい学校でうまくやってくれると確信しています。

▷ The years **went by** and the woman got old.
年月が過ぎ，女性は年を取りました。

▶ My father became **ill** last week.
父は先週病気になりました。

▶ There is a big tree **in front of** my house.
私の家の前に大きな木があります。

▶ I will **send** him a message soon.
私はまもなく彼にメッセージをおくるつもりです。

▷ He **sent** her to a big hospital in the city.
彼は彼女を都会の大きな病院におくりました。

☐☐☐ operation [ὰpəréiʃn アペ**レ**イシャン]	名	手術
☐☐☐ **wake** [wéik **ウェ**イク]	動	目が覚める
☐☐☐ wake up		目が覚める，目を覚ます
☐☐☐ alive [əláiv ア**ら**イヴ]	形	生きて，生きた状態で
☐☐☐ **realize(d)** [rí(:)əlàiz **リ**(ー)あらイズ]	動	…だと気づく
☐☐☐ envelope [énvəlòup **エ**ンヴェろウプ]	名	封筒
☐☐☐ bill [bíl **ビ**る]	名	請求書
☐☐☐ **afraid** [əfréid アふ**レ**イド]	形	こわがって
☐☐☐ be afraid to		…するのがこわい
☐☐☐ **inside** [ìnsáid イン**サ**イド, ínsàid **イ**ンサイド]	副	内側に，内部に
☐☐☐ **note** [nóut **ノ**ウト]	名	メモ，覚え書き
☐☐☐ paid [péid **ペ**イド]	形	支払い済みの

▶ I got an **operation** on my eye.
私は目の手術を受けました。

□
□ woke
□ [wóuk **ウォウク**]

 動 ［wakeの過去形］

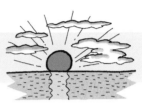

▶ I **woke up** early this morning.
私は今朝早く目が覚めました。

▷ She was happy to be **alive**.
彼女は生きていてよかったと思いました。

▶ I **realized** that I didn't know anything.
私は自分が何も知らないことに気づきました。

▷ He had an **envelope** in his hand.
彼は手に封筒を持っていました。

▶ I got a **bill** for the newspaper.
私は新聞代の請求書を受け取りました。

▶ I **was afraid to** travel alone.
私は一人で旅をするのがこわかったです。

▶ May I come **inside**?
中に入ってもいいですか。

▶ I found a **note** from Sue on the desk.
私は机の上にスーからのメモを見つけました。

▷ **Paid** in full.
全部支払い済みですよ。

□
□ **full**
□ [fúl　**ふる**]

名　完全

□
□ in full
□

全部

<table>
<tr><td>**会話のヒント**</td><td>**消えた音をさがせ！**</td></tr>
</table>

　会話の第一歩は，相手の言うことをきちんと聞き取ることだね。これは英語でも日本語でも言えること。相手が何を言っているのかわからなくては，答えようがないからね。聞き取りは英会話をするのに，とても重要な要素なんだ。

　英語の単語が続けて発音されると，音が消えたり，音がつながってちがう音になったりするように聞こえることがある。

　たとえば，sit downは，1つ1つは[**スィット**]と[**ダ**ウン]だけど，続けて発音されると，tの音が消えて[**スィッダ**ウン]のように聞こえる。get upは，1つ1つは[**ゲ**ット]と[**ア**ップ]だけど，tとuの音がつながって[**ゲ**ッ**タ**ップ]のように聞こえる。

　こういう音の変化は「リエゾン」といって，英語だけでなく，フランス語などでもよくあるんだ。これは日本語にはないから，難しいもののように思うかもしれないけどね。

　これに慣れるためには，まずは，英語を聞くこと。そして，聞こえたとおりに自分で発音してみること。書いてある文字を読み上げるというより，耳で覚えた音を口に出してみるという感覚で，発音してみるといいだろう。自分で発音できるようになれば，今度は聞き取るのも簡単になっていくものなんだ。聞くこと（listening）と話すこと（speaking）の両方が一体になって，会話ができるようになるってことだね。

▶ Please write your name **in full**.
　あなたの名前を(省略せずに)全部書いてください。

　ところで，英語には，発音されない文字が入っていることばもかなりある。たとえば，know[**ノ**ウ]のkやnight[**ナ**イト]のghなどは発音されない。I don't know.は，don'tのtが聞こえにくくなって，[アイ**ド**ゥン**ノ**ウ]のように聞こえる。

　あった音が消えるとか，文字が書いてあるのに発音されないと考えるよりも，I don't know.は[アイ**ド**ゥン**ノ**ウ]のように発音するものと考えて，その音を覚えてしまうほうがいいんだね。

Unit 7　World Heritage Sites

扉

☐☐☐ **heritage**
[héritidʒ　**ヘ**リテッヂ]
名　（文化的な）遺産

☐☐☐ **site(s)**
[sáit　**サ**イト]
名　遺跡

☐☐☐ **World Heritage site(s)**
[wɔ́:rld héritidʒ sàit　**ワ**〜るド **ヘ**リテッ
ジ サイト]
名　世界遺産

Scene ①

☐☐☐ **type(s)**
[táip　**タ**イプ]
名　タイプ，種類

☐☐☐ **unique**
[ju:ní:k　ユー**ニ**ーク]
形　特有の，独特な

☐☐☐ **precious**
[préʃəs　プ**レ**シャス]
形　貴重な，大切な

☐☐☐ **are**
[á:r　**ア**ー；（弱く言うとき)ər　ア]
助　[受け身の形を作る]

☐☐☐ **select(ed)**
[silékt　セ**れ**クト]
動　…を選ぶ

☐☐☐ **own**
[óun　**オ**ウン]
形　自分自身の，独自の

☐☐☐ **over**
[óuvər　**オ**ウヴァ]
前　…のいたるところに，
…の一面に

▶ I visited ancient **sites** during the vacation.
私は休暇中に古代遺跡を訪れました。

▷ Why are **World Heritage sites** special?
なぜ世界遺産は特別なのですか。

▶ Do you have the same **type** in different colors?
同じ種類で違う色のものはありますか。

▶ You can see many **unique** design products in the exhibition.
その展示会では多くの独特なデザインの製品が見られます。

▶ Akira is my **precious** friend.
アキラは私の大切な友達です。

▷ Some of them **are** selected as World Heritage sites.
それらのいくつかは世界遺産に選ばれています。

▶ He was **selected** as a member of the national team.
彼は国の代表チームのメンバーに選ばれました。

▶ I'll explain my **own** country's culture.
私は自分の国の文化を説明します。

□□□ all over		…のいたるところに[で, の]
□□□ **natural** [nǽtʃərəl　**ナ**ぁチュラる]	形	自然の
□□□ cultural [kʌ́ltʃərəl　**カ**るチュラる]	形	文化の
□□□ mixed [míkst　**ミ**ックスト]	形	混合した
□□□ selection [silékʃn　セ**れ**クシャン]	名	選択
□□□ standard(s) [stǽndərd　ス**タ**ぁンダド]	名	基準
□□□ **decide(d)** [disáid　ディ**サ**イド]	動	…を決める
□□□ UNESCO [juːnéskou　ユー**ネ**スコウ]	名	ユネスコ, 国連教育科学文化機関
□□□ conference [kánfərəns　**カ**ンふァレンス]	名	会議, 評議会
□□□ **is** [íz　**イ**ズ；(弱く言うとき)s　ス, z　ズ, iz　イズ]	助	[受け身の形を作る]

Scene ②

□□□ the Blue Mountains [ðə blúː máuntənz　ざ ブ**る**ー **マ**ウントゥンズ]	名	ブルーマウンテンズ

▶ This book is read **all over** the world.
この本は世界中で読まれています。

▶ Shiretoko is a **natural** heritage site.
知床は自然遺産です。

▶ Tokyo is the **cultural** center of Japan.
東京は日本の文化の中心地です。

▶ I usually eat **mixed** salad for breakfast.
私は朝食にはたいていミックスサラダを食べます。

▶ Your **selection** was right.
あなたの選択は正しかった。

▶ We must follow this **standard**.
私たちはこの基準に従わなければなりません。

▶ You must **decide** your own future.
あなたは自分自身の将来を決めなければいけません。

▶ It became a **UNESCO** World Heritage site in 2005.
それは2005年にユネスコ世界遺産になりました。

▶ The **conference** began last week.
会議は先週始まりました。

▷ This place **is** selected as a World Heritage site.
この場所は世界遺産に選ばれています。

教科書p.108

▷ I went to a World Heritage site, **the Blue Mountains**.
私は世界遺産のブルーマウンテンズに行きました。

☐ ☐ ☐ **list(ed)** [líst **リ**スト]	動	…を(文化財のリストに)載せる
☐ ☐ ☐ **of** [ʌv **ア**ヴ；(弱く言うとき)əv **ア**ヴ]	前	【原因・動機】…のため，…で
☐ ☐ ☐ because of		…のために
☐ ☐ ☐ oily [ɔ́ili **オ**イり]	形	油を含んだ
☐ ☐ ☐ mist [míst **ミ**スト]	名	霧
☐ ☐ ☐ eucalyptus [jù:kəlíptəs ユーカ**り**プタス]	名	ユーカリ
☐ ☐ ☐ leaves [lí:vz **り**ーヴズ]	名	[leafの複数形]
☐ ☐ ☐ **great** [gréit グ**レ**イト]	形	大きな，すごい
☐ ☐ ☐ forest(s) [fɔ́:rist **ふォ**ーレスト]	名	森，森林
☐ ☐ ☐ beauty [bjú:ti **ビ**ューティ]	名	美しさ，美
☐ ☐ ☐ preserve(d) [prizə́:rv プリ**ザ**〜ヴ]	動	…を保存する，保護する

▷ Are the mountains **listed** as a natural heritage site?
その山々は自然遺産に登録されているのですか。

▶ **Because of** his age, my grandfather couldn't climb the mountain.
祖父は年のせいで，その山に登ることができませんでした。

▶ I don't want to eat **oily** food today.
今日は脂っこいものは食べたくありません。

▶ I saw a man's shadow in a thick **mist**.
濃い霧の中に男の影が見えました。

□
□ **leaf**　　　　　　　　　　　　图　（草木の）葉
□ [liːf　**りーふ**]

▶ The **leaves** of the trees were beautiful.
木の葉は美しかった。

▶ It's a **great** pleasure to see you.
お会いできてとてもうれしいです。

▷ There are great eucalyptus **forests**.
大きなユーカリの森があります。

▶ He loves the **beauty** of nature.
彼は自然の美しさを愛しています。

▶ UNESCO is trying to **preserve** these heritages.
ユネスコはこれらの遺産を保護しようとしています。

□
□ Venice
□ [vénis **ヴェ**ニス]

名 ベネチア, ベニス(イタリア北東部の都市)

□
□ canal(s)
□ [kənæl カ**ナ**ぁる]

名 運河, 水路

□
□ gondola
□ [gándələ **ガ**ンドら]

名 ゴンドラ

□
□ **ride**
□ [ráid **ラ**イド]

名 (乗り物などに)乗ること

□ the Rialto Bridge
□ [ðə riǽltou brídʒ ざ リ**あ**るトウ ブ**リ**ッ
□ ヂ]

名 リアルト橋

□
□ built
□ [bílt **ビ**るト]

動 [buildの過去分詞]

□
□ **across**
□ [əkrɔ́:s アク**ロ**ース]

前 …を横切って, 横断して

□
□ grand
□ [grǽnd グ**ラ**ぁンド]

形 壮大な, 雄大な

□ the Grand Canal
□ [ðə grǽnd kənæl ざ グ**ラ**ぁンド カ**ナ**ぁ
□ る]

名 大運河

□
□ **sight**
□ [sáit **サ**イト]

名 光景, 名所

□
□ attractive
□ [ətrǽktiv アトゥ**ラ**ぁクティヴ]

形 魅力的な

▷ **Venice** is called the City of Water.
ベニスは水の都と呼ばれています。

▷ Its many islands are connected by **canals** and bridges.
その多くの島々が運河と橋で結ばれています。

▶ We enjoyed taking a **gondola** boat ride.
私たちはゴンドラボートに乗って楽しみました。

▶ Do you need a **ride**?
乗せてあげましょうか。

▶ This house was **built** more than one hundred years ago.
この家は100年より前に建てられました。

▶ Ben ran **across** the bridge.
ベンは走って橋を渡りました。

▶ We have a lot of **grand** plans for the future.
私たちは将来に向けて壮大な計画をたくさんもっています。

▷ It's a very beautiful **sight**.
それはとても美しい光景です。

▶ The city is **attractive**.
その都市は魅力的です。

□ **serious** □ [síriəs **スィ**リアス]	形	重大な, (病気などが)重い
□ citizen(s) □ [sítizn **スィ**ティズン]	名	市民
□ sink(ing) □ [síŋk **スィ**ンク]	動	(水中に)しずむ
□ **soft** □ [sɔ́:ft **ソ**ーふト]	形	やわらかい
□ cruise □ [krú:z ク**ル**ーズ]	名	遊覧, クルージング
□ wave(s) □ [wéiv **ウェ**イヴ]	名	波
□ damage(d) □ [dǽmidʒ **ダ**ぁメッヂ]	動	…に損害を与える

Read and Think ②

□ known □ [nóun **ノ**ウン]	動	[knowの過去分詞]
□ worldwide □ [wə́:rldwáid **ワ**〜るド**ワ**イド]	副	世界中に, 世界的に
□ **similar** □ [símələr **スィ**ミら]	形	同じような, 似た
□ **for** □ [fɔ́:r **ふォ**ーア ; (弱く言うとき)fər ふォ]	前	【原因・理由】…のために, …の理由で

▶ There is a **serious** problem with my computer.
私のコンピュータに重大な問題があります。

▶ I don't know how to become a good **citizen**.
私はよい市民になる方法がわかりません。

▶ The boat began to **sink** in the lake.
ボートが湖にしずみ始めました。

▷ It's built on **soft** ground.
それはやわらかい地面に建てられています。

▶ My parents made a trip on a **cruise** ship.
私の両親はクルーズ船で旅行をしました。

▶ We must be careful of high **waves**.
私たちは高波には注意しなければいけません。

▷ The ground is **damaged** by the waves.
地面は波で被害を受けています。

教科書p.112 〜 p.113

▶ Her name is **known** to teachers in our school.
彼女の名前は私たちの学校の先生に知られています。

▶ Bill became famous **worldwide** as a badminton player.
ビルはバドミントン選手として世界的に有名になりました。

▶ There are many other **similar** examples.
他にも同じような例が多くあります。

▶ I climb mountains **for** fun.
私は楽しみのために山に登ります。

for one thing		1つには[理由を述べるときに用いる]
sacred [séikrid セイクリッド]	形	神聖な
another [ənʌ́ðər アナざ]	代	もう1つ[1人], 別のもの[人, こと]
for another		別の理由としては[for one thingのあとに用いる]
inspiration [ìnspəréiʃn インスピレイシャン]	名	インスピレーション, すばらしい思いつき
print(s) [prínt プリント]	名	版画
influence(d) [ínfluəns インふるエンス]	動	…に影響を及ぼす
be [bíː ビー；(弱く言うとき)bi ビ]	助	[受け身の形を作る]
seen [síːn スィーン]	動	[seeの過去分詞]
angle(s) [ǽŋgl あングる]	名	角度
yourself [juərsélf ユアセるふ]	代	あなた自身, 自ら

▷ Japanese people think the mountain is **sacred**.
日本の人々はその山が神聖であると考えています。

▶ I don't like this design. Can I see **another**?
このデザインは好まないので，別のものを見ることができますか。

▶ For one thing, I'm not interested. **For another**, I'm sleepy.
1つには私は興味がありません。別の理由としては私は眠いです。

▶ I got a lot of **inspiration** from the song.
私はその歌から多くのインスピレーションを得ました。

▷ Mt. Fuji in ukiyo-e **prints** is a good example.
浮世絵版画の富士山がよい例です。

▷ It even **influenced** overseas artists.
それは海外の芸術家にまで影響を及ぼしました。

▶ This card can **be** used around the world.
このカードは世界中で使用できます。

▶ The light can't be **seen** with the human eye.
その光は人間の目では見ることができません。

▶ I took pictures of the lake from different **angles**.
私はいろんな角度からその湖の写真を撮りました。

▷ Come and see it **yourself** someday.
いつかあなた自身で見に来てください。

Let's Talk ⑤
●電話でのやり取り ——誘う・断る——

☐ **hold**
☐
☐ [hóuld **ホ**ウるド]
    動 …を開く，行う

☐ **held**
☐
☐ [héld **へ**るド]
    動 [holdの過去分詞]

Grammar for Communication

⑥受け身　〜視点を変えて情報を伝えよう〜

☐ **taken**
☐
☐ [téikən **テ**イクン]
    動 [takeの過去分詞]

豆マメ知識　　「今日の気温は100度⁉」——セ氏とカ氏

　今日の気温は何度だろう？　そこで「100度だよ」なんて答えが
返ってきたら，びっくりするよね。

　でも，アメリカではありうることなんだ。なぜかというと，アメ
リカでは温度をはかるとき，日本のように「セ氏(摂氏)」ではなく「カ
氏(華氏)」を使うからなんだ。

　「セ氏」を表すCはCelsius[**セ**るスィアス]またはcentigrade[**セ**ンティ
グレイド]の略。「カ氏」を表すFはFahrenheit[**ふぁ**レンハイト]の略。
セ氏0℃ならカ氏32°F，セ氏30℃ならカ氏86°Fだよ。

　で，「今日の気温は100度だよ」と言われたときは，セ氏に換算す
ると約38度。確かに真夏でも38度は暑いけどね。

教科書p.115

▶ The concert will be **held** next month.
コンサートは来月開催されます。

教科書p.116

▷ This picture was **taken** in Yakushima.
この写真は屋久島で撮られました。

体温でもカ氏を使うので，熱をはかって「100度だよ」って言われたら，それだけでぐったりしそう!?

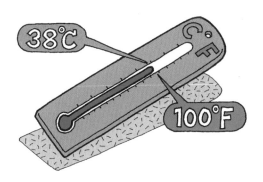

③My Favorite Place in Our Town

□□□ cafe
[kæféi キぁ**ふェ**イ]

图 喫茶店，カフェ

□□□ **mango**
[mǽŋgou **マぁ**ンゴウ]

图 マンゴー

□□ **beside**
[bisáid ビ**サ**イド]

前 …のそばに

Let's Read ③
●Pictures and Our Beautiful Planet

□□□ planet
[plǽnit プ**らぁ**ネット]

图 惑星

□□□ photograph
[fóutəgræf **ふオ**ウトグラぁふ]

图 写真

□□ **life**
[láif **ら**イふ]

图 一生，人生

□□ **university**
[jù:nəvə́:rsəti ユーニ**ヴァ**～スィティ]

图 大学

□□ attracted
[ətrǽktid アトゥ**らぁ**クティッド]

形 ひきつけられる

□□ Alaska
[əlǽskə ア**らぁ**スカ]

图 アラスカ[米国北西部の州]

□□ **middle**
[mídl **ミ**ドゥる]

图 中央，真ん中

教科書p.118 ～ p.120

▶ Let's have lunch at that **cafe**.
あのカフェで昼食を食べよう。

▷ The **mango** parfaits are the best.
マンゴーパフェが最高です。

▶ He was sitting **beside** me.
彼は私のそばに座っていました。

教科書p.122 ～ p.126

▶ The **planets** are going around the sun.
惑星は太陽のまわりを回っています。

▶ This is a **photograph** of your cute baby.
これはあなたの可愛い赤ちゃんの写真です。

▷ One photograph changed Hoshino Michio's **life**.
一枚の写真がホシノミチオの人生を変えました。

▷ He was a **university** student.
彼は大学生でした。

▶ I was very **attracted** to her.
私は彼女にとてもひきつけられました。

▶ When I was a university student, I visited **Alaska**.
私は大学生のときにアラスカを訪れました。

□ □ □ in the middle of		…の真ん中に[の]
□ □ □ **wilderness** [wíldərnəs **ウィ**るダネス]	名	荒野
□ □ □ **Shishmaref** [ʃíʃmərèf **シ**シマレふ]	名	シシュマレフ(アメリカのアラスカ州にある村)
□ □ □ for himself		自分で, 独力で
□ □ □ **letter** [létər **れ**タ]	名	手紙
□ □ □ **wrote** [róut **ロ**ウト]	動	[writeの過去形]
□ □ □ **mayor** [méiər **メ**イア]	名	市長, 町長, 村長
□ □ □ **invite(d)** [inváit イン**ヴァ**イト]	動	…を招待する, 招く
□ □ □ **come** [kʌ́m **カ**ム]	動	(ある状態)になる
□ □ □ **true** [trú: トゥ**ルー**]	形	本当の, 真実の
□ □ □ come true		実現する, 本当になる
□ □ □ **among** [əmʌ́ŋ ア**マ**ング]	前	…の中で[に, を], …の間で[に, を]

▶ Many young people want to live **in the middle of** Tokyo.
多くの若い人は東京の真ん中に住みたいと思っています。

▶ He stayed in the town near the **wilderness**.
彼は荒野の近くの町に滞在しました。

□ **himself**　　　　　　　　　㈹　彼自身を[に]
□ [himsélf　ヒム**セ**るふ]

▷ Michio wanted to visit that place **for himself**.
ミチオは自力でその場所を訪れたいと思っていました。

▶ Please send me a **letter**.
私に手紙を送ってください。

▶ Mika **wrote** a letter to Tom in English.
ミカはトムに英語で手紙を書きました。

▶ The new **mayor** made a speech in the hall.
新しい市長がホールで演説をしました。

▶ I'm going to **invite** our teachers, too.
私は私たちの先生方も招待するつもりです。

▶ His story sounds **true**.
彼の話は本当のように聞こえる。

▷ His dream **came true**.
彼の夢はかないました。

▶ The group is popular **among** women in Japan.
そのグループは日本の女性の間で人気があります。

□ Inuit □ □ [ínjuːit イニューイット]	名形	イヌイット(の)
□ Alaskan □ □ [əlǽskən アらぁスカン]	形	アラスカの
□ convenience(s) □ □ [kənvíːnjəns コンヴィーニャンス]	名	便利なこと[もの]
□ hunt □ □ [hʌ́nt ハント]	動	…を狩る, 狩りをする
□ **meat** □ □ [míːt ミート]	名	肉
□ gather □ □ [gǽðər ギぁざ]	動	…を集める, …をつむ
□ berry, berries □ □ [béri ベリ]	名	ベリー
□ **tradition** □ □ [trədíʃn トゥラディシャン]	名	伝統
□ **of** □ □ [ʌ́v アヴ ; (弱く言うとき)əv アヴ]	前	【同格】…という
□ harmoniously □ □ [hɑːrmóuniəsli ハーモウニアスリ]	副	調和して
□ understood □ □ [ʌ̀ndərstúd アンダストゥッド]	動	[understandの過去形]
□ living □ □ [líviŋ りヴィング]	形	生きている

▷ How do **Inuit** people live?
イヌイットはどのように生活していますか。

▶ It's a photo of the beautiful **Alaskan** wilderness.
それは美しいアラスカの荒野の写真です。

▷ He learned how to live without city **conveniences**.
彼は都会の便利さから離れた生き方を学びました。

▶ They **hunt** animals and birds for food.
彼らは食べ物を得るために動物や鳥を狩ります。

▶ Which would you like for dinner, **meat** or fish?
夕食は肉か魚のどちらがいいですか。

▶ I'm **gathering** information on the country.
私はその国の情報を集めています。

▶ The bottle is full of **berries**.
びんはベリーでいっぱいです。

▶ Japan has a long **tradition** of eating raw fish.
日本には生魚を食べるという長い伝統があります。

▶ We visited the city **of** Hiroshima.
私たちは広島という都市を訪れました。

▶ Can we live together **harmoniously** in this country?
私たちはこの国でともに調和してくらせるでしょうか。

▷ Michio **understood** something very important.
ミチオはとても重要なことを理解しました。

▶ There are many kinds of **living** things on the planet.
この惑星にはたくさんの種類の生き物がいます。

☐☐☐ **share** [ʃéər **シェア**]	動 …を共有する
☐☐☐ **part** [pá:rt **パート**]	名 部分，[part ofで]…の 一部
☐☐☐ **after** [ǽftər **あ**ふタ]	接 …したあとで
☐☐☐ **return(ed)** [ritə́:rn リ**タ**〜ン]	動 帰る，戻る
☐☐☐ photographer [fətágrəfər ふォ**タ**グラふァ]	名 写真家
☐☐☐ **camp(ed)** [kǽmp **キぁ**ンプ]	動 キャンプをする
☐☐☐ severe [səvíər セ**ヴィ**ア]	形 厳しい
☐☐☐ wild [wáild **ワ**イるド]	形 野生の
☐☐☐ tundra [tʌ́ndrə **タ**ンドゥラ]	名 ツンドラ，凍土帯
☐☐☐ caribou [kǽrəbù: **キぁ**リブー]	名 カリブー[北米産のトナ カイ。群れとしては複数 形もcaribou]
☐☐☐ **free** [frí: ふ**リ**ー]	形 自由な，束縛されない
☐☐☐ freedom [frí:dəm ふ**リ**ーダム]	名 自由

▶ May I **share** the table with you?
テーブルを共有してもいいですか。

▷ He became a **part** of the Alaskan wilderness.
彼はアラスカの荒野の一部になりました。

▶ **After** I met her, my life changed.
彼女に会ったあと，私の人生は変わりました。

▶ I **returned** home from my vacation yesterday.
私は昨日休暇から戻りました。

▷ He traveled around Alaska as a **photographer**.
彼は写真家としてアラスカを旅しました。

▶ They **camped** near the river last summer.
彼らは去年の夏に川の近くでキャンプをしました。

▶ They worked in **severe** weather.
彼らは厳しい天気の中で働きました。

▶ The number of **wild** animals is decreasing.
野生動物の数は減少しています。

▷ He stayed in the **tundra** for a month.
彼はツンドラに一か月滞在しました。

▶ **Caribou** meat is a traditional food in this area.
カリブーの肉はこの地域の伝統的な食べ物です。

▷ Michio felt lonely in the wilderness, but he also felt **free**.
ミチオは荒野で孤独を感じましたが，自由も感じました。

▶ I want to share my feeling of **freedom** with you.
私の自由な気持ちをあなたと共有したいです。

□□□ **wonder** [wʌ́ndər **ワ**ンダ]	名	驚き，不思議
□□□ playful [pléifl プ**れ**イふる]	形	楽しげな，陽気な
□□□ polar bear(s) [póulər bèər **ポ**ウら **ベ**ア]	名	ホッキョクグマ
□□□ scene(s) [síːn **ス**ィーン]	名	景色，光景
□□□ **end** [énd **エ**ンド]	動	終わる
□□□ **kill(ed)** [kíl **キ**る]	動	…を殺す
□□□ Kamchatka [kæmtʃǽtkə キぁム**チ**ぁトカ]	名	カムチャツカ半島［シベ リア東端にある半島］
□□□ **live** [lív **り**ヴ]	動	［lifeを目的語にして］… な人生［生活］を送る
□□□ **stay** [stéi ス**テ**イ]	動	…のままでいる
□□□ global warming [glóubl wɔ́ːrmiŋ グ**ろ**ウブる **ウォ**ーミング]	名	地球温暖化
□□□ glacier(s) [gléiʃər グ**れ**イシャ]	名	氷河
□□□ **enough** [inʌ́f イ**ナ**ふ]	形	十分な，必要なだけの

▶ He looked at me in **wonder**.
彼は驚いて私を見ました。

▶ She looked at me with a **playful** smile.
彼女は楽しそうな笑みを浮かべて私を見ました。

▶ **Polar bears** eat fish.
ホッキョクグマは魚を食べます。

▶ The **scene** from the hotel window was beautiful.
ホテルの窓からの景色がきれいでした。

▷ However, his life **ended** suddenly.
しかし，彼の人生は突然終わりました。

▶ That man **killed** a lot of people.
あの男はたくさんの人を殺しました。

▷ He was camping alone in **Kamchatka**.
彼はカムチャツカでひとりでキャンプをしていました。

▷ We only have one life to **live**.
私たちの人生は一度きりです。

▶ Let's **stay** friends forever.
いつまでも友達でいましょう。

▶ The children learned about **global warming**.
子供たちは地球温暖化について学びました。

▷ Its **glaciers** are disappearing because of global warming.
その氷河は地球温暖化のために消滅しつつあります。

▶ I can't eat lunch because I don't have **enough** time.
私は十分な時間がないので昼食を食べられません。

□ □ □ habitat [hǽbitæt ハあビタぁット]	名	生息地
□ □ □ grow(ing) [gróu グロウ]	動	(しだいに)…になる
□ □ □ lose [lúːz るーズ]	動	…を失う
□ □ □ land [lǽnd らぁンド]	名	土地
□ □ □ into [íntuː イントゥー;(弱く言うとき) intu イントゥ]	前	【質の変化】…に(なる)
□ □ turn into □		…になる, 変わる
□ □ □ sea level(s) [síː lèvl スィー れヴる]	名	海水面, 平均海面
□ □ □ rise [ráiz ライズ]	動	のぼる, 上がる, 上昇する
□ □ □ slowly [slóuli スろウり]	副	ゆっくりと, 遅く
□ □ □ Arctic [άːrktik アークティック]	名	北極地方
□ □ □ warm(er) [wɔ́ːrm ウォーム]	形	あたたかい
□ □ □ twice [twáis トゥワイス]	副	2倍, 2度

▶ Polar bears lost their natural **habitat**.
ホッキョクグマはその自然の生息地を失いました。

▶ I'm afraid to **grow** older.
私は年を取ることが怖いです。

▶ We are **losing** some of the traditional Japanese cultures.
私たちは伝統的な日本文化のいくつかを失いつつあります。

▶ The city bought the **land** and built a library there.
市が土地を購入し，そこに図書館を建てました。

▷ Ice **turns into** water.
氷は水に変わります。

▶ They measure **sea levels** around the Earth.
彼らは地球各地の海水面を測定しています。

▶ The sun will **rise** soon.
太陽がもうすぐのぼります。

▶ Please speak more **slowly**.
もっとゆっくり話してください。

▶ How can we stop the warming of the **Arctic**?
どうすれば北極地方の温暖化を止めることができるでしょうか。

▶ It's **warm** in this room.
この部屋はあたたかいです。

▶ I went to the computer class **twice** a week.
私は週に2回コンピュータの授業に通いました。

☐☐☐ twice as ... as ～		～より2倍…
☐☐☐ rest [rést　レスト]	名	残り，その他
☐☐☐ **Earth** [ə́ːrθ　**ア**〜す]	名	地球
☐☐☐ remind [rimáind　リ**マ**インド]	動	…に思い出させる，気づかせる
☐☐☐ remind ... of ～		…に～を思い出させる
☐☐☐ **past** [pǽst　**パ**ぁスト]	名	過去
☐☐☐ **pass** [pǽs　**パ**ぁス]	動	(～に)…を手渡す，…を伝える
☐☐☐ **on** [án　**ア**ン]	副	先へ，前へ
☐☐☐ pass on ... to ～		…を～に伝える

歴史と文化　　なぜボランティアが必要になったのか

　昔は，世界のどこの村でも，みんなで仕事を分担し，力を合わせて共同で生活していることが多かった。だから，自然に助け合いのしくみができていたんだ。

　近代になって，欧米の社会は，1人1人が村や家族から独立し，積極的に自分の考えで生きるような方向へと変わっていった。だけど，人がまったく他人の助けを借りずに生きていくなんていうことは不可

▶ The country is **twice as** large **as** Japan.
その国は日本の2倍の広さです。

▶ I will read the **rest** of the story tomorrow.
その話の続きは明日読むつもりです。

▶ There are many kinds of animals on the **Earth**.
地球上にはたくさんの種類の動物がいます。

▶ This photo **reminds** me **of** the good old days.
この写真は私になつかしい昔のことを思い出させます。

▶ I'm not interested in your **past**.
私はあなたの過去には興味がありません。

▶ Please **pass** me the box.
その箱を渡してください。

▷ What can we do to **pass on** this beauty **to** future children?
私たちはこの美しさを未来の子どもたちに伝えるために何ができるでしょうか。

能だ。だから，積極的に他人の世話をするというしくみも発達したんだ。つまり，「自立して暮らす」ことと，「他人の世話をする」ことの両立を自発的に行うようになったんだね。
　volunteer(ボランティア)というのは，他人や社会のために自発的に無償で働く人のことを言う。欧米の社会では，ボランティア活動がさかんだ。日本の社会でも，欧米の影響を受けて積極的に参加する人が増えているよ。

ロンドンあれこれ

　ロンドンはご存じのように，イギリスの首都だね。ロンドンというと，きみは何を思い浮かべる？

　ロンドンがかつて，「霧の都」と呼ばれていたことを知っているかな。「霧の都」なんて，ちょっとロマンチックだよね。冬に霧がよく出ることがその理由の一つだけど，もっと大きな理由があったんだ。それはロマンチックとはほど遠いスモッグなんだ。工業用などに燃やした石炭のために，大量のスモッグが発生したそうだ。法律による規制などで，今ではすっかり少なくなっているけどね。

　日本にも「江戸っ子」という言い方があるけど，イギリスでも，特にロンドン東部の下町出身の人をcockney[**カク二**]（ロンドン子）と言うんだ。江戸っ子にも「東」を「しがし」と発音するといった一種のなまりがあるけど，ロンドン子にも特徴的な「なまり」があるんだね。たとえば，day[**デイ**]を[**ダイ**]のように発音したり，house[**ハウス**]のｈの音が落ちて，[**アウス**]のように発音したりするんだ。この「なまり」もcockneyと呼ばれるんだよ。

　ロンドンの交通といえば，2階建てバス（double-decker[**ダブるデカ**]）が有名だけど，「渋滞税」というのがあるのを知ってるかな。ロンドンのひどい交通渋滞を緩和するために，2003年に取り入れられたんだ。英語ではcongestion charge[コン**ヂェ**スチョン チャーヂ]といって，市の中心部へ入ってくる一般車両に対して，一定の金額を支払うように取り決めたもので，違反をすると罰金も取られるんだ。バスや地下鉄などの公共交通機関の利用を増やす目的もあるんだよ。